Werner Blaser

Natur im Gebauten
Nature in Building

Rudolf Steiner in Dornach

Birkhäuser – Publishers for Architecture
Basel · Boston · Berlin

This publication was kindly supported by:
Diese Publikation wurde freundlicherweise unterstützt von:

 ALEXANDER STIFTUNG

 STIFTUNG EDITH MARYON

Teppichfabrik, Langenthal Schweiz

Übersetzung ins Englische/Translation into English:
Katja Steiner, Bruce Almberg, Ehingen

A CIP catalogue record for this book is available from the Library of Congress, Washington D.C., USA.

Deutsche Bibliothek Cataloging-in-Publication Data

Natur im Gebauten : Rudolf Steiner in Dornach 1913 – 1925 = Nature in building / Werner Blaser.
[Transl.: German into Engl.: Katja Steiner; Bruce Almberg]. – Basel ; Boston ; Berlin : Birkhäuser, 2002
ISBN 3-7643-6541-2

Fotonachweis / Photo Credits
Sämtliche Fotos – mit Ausnahme der Abbildungen auf Seite 24 und 25,
© Foto Heydebrand – stammen vom Verfasser. © 2002 Werner Blaser, Basel
All photos by the author, © 2002 Werner Blaser, Basel,
except the pictures from page 24 and 25, © Foto Heydebrand
Litho and typography: Photolitho Sturm AG, Muttenz

© 2002 Birkhäuser – Publishers for Architecture, P.O. Box 133, CH-4010 Basel, Switzerland.
Member of the BertelsmannSpringer Publishing Group.

Printed on acid-free paper produced of chlorine-free pulp. TCF ∞
Printed in Germany
ISBN 3-7643-6541-2

9 8 7 6 5 4 3 2 1

http://www.birkhauser.ch

Rudolf Steiner in Dornach

Inhalt	**Contents**

Auftakt

Natur als Inspirationsquelle der Gestaltung

In der Geometrie der Organik konzentrieren sich sämtliche einem ständigen Wandel unterliegende Prinzipien des Wachstums der Natur. Äußere Gestaltungsimpulse wirken auf innere und umgekehrt. Gewachsenes zerfällt, hinterläßt aber zugleich Spuren des Neubeginns, und elementare Strukturen steigern sich zu komplexen Gebilden, um im nächsten Moment wieder ganz schlicht in Erscheinung zu treten. Anspruchsvolle organische Architektur geht auf ein solchermaßen mathematisches Verständnis der Formverwandlung zurück. Dies ist zugleich der Gültigkeit beanspruchende Bezug zum inneren Wesen organischer Vorgänge und Gestaltbildung. Architektur mit der Natur ist eine Entscheidung für das Prozeßhafte. Sie ist eine Schulung, denn sie fordert den Sinn und die Sinne heraus während der Suche nach dem Vernünftigen, Echten und Einfachen. Hier geht es um die Reduzierung der Mittel, den Verzicht auf Illustratives und die Konzentration auf das Wesentliche, die sich u.a. in der Verwendung natürlicher Materialien widerspiegeln. Eine gewissenhafte Materialbehandlung, die das darstellt, was sie zu sein scheinen, verlangt nach integrer Qualität. Organische Architektur wurzelt schließlich auch in der Erkenntnis, daß im Material Beton Stein gewordene Zeit enthalten ist. Daher auch die ihr eigene, charakteristische Linienführung, die uns mitteilt, daß sich am Anfang eigentlich alles im fließenden Zustand befindet.

Der Beton-Sand-Stein ist aus der Natur gewonnen. Er ist ein natürlicher Baustoff, der durch baukünstlerisches Gestalten verdichtet wird zu einem kulturellen Werk. Mit diesem Material wird ein ästhetisches, naturoffenes Bewußtsein gefördert. Die Exklusivität der Natur im Sichtbeton mit seiner besonderen Typik und Eigenart schafft

Prelude

Nature as an Inspirational Source of Design

All of the principles regarding the growth of nature that are subject to a permanent transformation are concentrated in the geometry of organics. Outer design impulses affect inner impulses and vice versa. The naturally grown decays, but at the same time it leaves behind traces of a new beginning, and elementary structures evolve into complex creations, reappearing in the next instant. Sophisticated organic architecture extends back to such a mathematical understanding of formal transformation. At the same time, this is the relationship with the inner essence of organic processes and the formation of a gestalt that demands validity. Architecture with nature is a decision in favor of process itself. It is a schooling because it challenges the mind and senses during the search for the reasonable, real and simple. The whole point is a reduction of means, the renunciation of illustrative tools and the focus on the essential that is reflected in, among other things, the use of natural materials. A conscientious treatment of the materials that represents exactly what it seems to be requires qualitative integrity. Finally, organic architecture is also rooted in the insight that concrete as a material contains time that has turned to stone. Therefore, its unique characteristic striations tell us that in the beginning everything was really in a fluid state.

The concrete-sand stone is produced from nature. It is a natural building material that is condensed into a cultural oeuvre through architectural formation. With this material, an aesthetic awareness is promoted that is open towards nature. The exclusivity of nature in fair-faced concrete, with its special typology and characteristics, creates beauty.

Schönheit. Das mit Lust, Phantasie und Kreativität behandelte sachliche Material verbindet in der Gestaltgebung verschiedene Elemente mit geradezu spielerischer Leichtigkeit und Anmut, und das Ergebnis ist ein Ausdruck «sinnlich-sittlicher» Ästhetik. Konsequentes Umsetzen von Naturformen und Naturkräften wurde zu einem wesentlichen Faktor auf dem langen Weg der Entwicklung zur Materialsprache unserer Zeit. So werden gültige Werke errichtet. Die harmonische Gestalt einer Außenwand hat ihren Ursprung innen. Natur wird Kultur.

Sehen – hören – handeln beschreibt uns den Weg: von oben nach unten, denn unsere Welt entsteht im Kopf. In Gedanken sehen wir das Baumhafte des Baumes, das Gewächshafte der Gewächse und das Naturhafte der Natur. Der Mensch ist ein Teil der Natur in der Natur. Nicht die Natur nachzuahmen gilt es, sondern sie zu interpretieren und zu transformieren. Vorbildlichkeit der Natur und analytischer Intellekt verzweigen sich im architektonischen Handeln zu einem Formenspiel. Der Natur folgen heißt: Lebenskräfte miteinander verbinden.

Gutes Bauen ist Landschaftsschutz

Eine erneuerte Baukunst findet ihre Gestalt in ihrem inneren Ausdruck, in der objektiven Wahrheit von Stoff und Konstruktion, von Maß und Raum. Es sind nicht die Stilelemente eines nachvollziehbaren Zeitgeistes und keine Ismen, die das sinnerfüllte Bauen beflügeln, sondern es ist die in die Welt tretende natürliche Erfüllung, die uns hinführt zu dem, was ein Bauwerk mit seinem inneren Gehalt und seinen geschaffenen Proportionen für uns bedeutet. Darum richten wir unsere Aufmerksamkeit nicht so sehr auf die Namen Rudolf Steiner oder Goetheanum, sondern auf das Wahrnehmbare, damit sich der Blick auf das sichtbare Bauen konzentriert.

Die Häuser auf dem Goetheanum-Gelände, einer parkähnlichen Zone, erscheinen als miteinander verbunden, bilden

The factual material, when treated with interest, fantasy and creativity, combines various elements with an almost playful lightness and grace in the design, and the result is an expression of "sensual-moral" aesthetics. The consistent realization of natural forms and forces became an essential factor on the long path of development into the material language of our time. Valid oeuvres are thus determined. The harmonic design of an outer wall has its origins on the inside. Nature becomes culture.

Seeing – hearing – acting, these delineate the path for us from top to bottom because our world is created in our minds. In thoughts we see the treeness of the tree, the plantness of the plant and the natureness of nature. Man is part of nature within nature. It is not about imitating nature but interpreting and transforming it. The exemplarines of nature and analytical intellect intertwine in the architectural activity into a formal play. Following nature means connecting life forces with one another.

Good Architecture is Conservation

A renewed architecture finds its gestalt in its inner expression, in the objective truth of material and construction, of measure and space. Purposeful architecture is not inspired by the stylistic elements of an understandable zeitgeist and not by isms; instead, it is the natural fulfillment entering into the world that leads us to what a building means for us with its inner content and created proportions. Therefore, we direct our attention not so much towards the names Rudolf Steiner or Goetheanum but to the perceptible in order for our view to concentrate on the visible architecture.

ein Ensemble, eine Gesamtheit, einen großen Wurf von maßvollem Ausdruck. Wir begegnen hier voluminösen Bauten, jedoch elegant in ihrer äußeren Erscheinung, die sich selbstbewußt in ihre Umgebung einpassen. Sie lassen eine Atmosphäre diskreter, dennoch auffallender Distanz entstehen. Das Flanieren in dieser Park-Zone ist angenehm, begleitet von schimmernden Nuancen fein abgestimmter Pastelltöne. Gutes Bauen ist somit auch Landschaftsgestaltung und Landschaftsschutz.

Die vorliegende Publikation möchte zeigen, wie beispielhaft das erlesene Häuser-Ensemble am Jurahügel in Dornach eigentlich ist. Darum lohnt es sich, sich in die architektonische Substanz dieser Anlage zu vertiefen und darin die Kunst des inneren Sehens in neuem Selbstbewußtsein zu üben. Die Gedanken von Rudolf Steiner werden vielleicht nicht die Welt verändern, wohl aber mit der Zeit das Bauen in unserer Welt nachhaltig beeinflussen. Es lohnt sich darum, die Souveränität eines Visionärs ernst zu nehmen und sie in ihrer sinnlichen und geistigen Form als Inspiration einer gültigen Architektur zur internationalen Sache zu erheben.

Sinnliches und Geistiges

Der Denker Rudolf Steiner machte Zeit seines Lebens auf sympathische Weise aus vielen Nöten Tugenden, die aber ganz und gar nicht etwas Zufälliges an sich haben, sondern auf Substantielles verweisen. Dies trifft auch zu für seinen Umgang mit dem Organischen, dem er eine Vorrangstellung einräumte. Er gab all seinen räumlichen Inszenierungen eine natürliche Gestalt, nach der wir so dringend suchen.

Architektur in irgendeiner Weise begreifbar zu machen, das ist ein Vorgang, bei dem es auch um Wissen, um Bildung geht und auch darum, der Verantwortung dem Leben gegenüber ein wenig gerechter zu werden, zumindest: ihr nicht

The houses on the Goetheanum grounds, a park-like zone, all seem to be connected, forming an ensemble, a wholeness, a great success of moderate expression. Here, we encounter voluminous buildings that are, however, elegant in their outer appearance, that integrate into their environment in a self-evident way. They create an atmosphere of discrete yet striking distance. Walking through this park zone, accompanied by shimmering nuances of subtly coordinated pastel shades, is pleasant. Good architecture is thus landscape design and conservation, as well.

The present publication wants to show how exemplary the exquisite ensemble of houses on the Jurasian hill in Dornach really is. Therefore, it is worthwhile to become absorbed in the architectural substance of this complex and to practice the art of inner vision with a new self-confidence. The ideas of Rudolf Steiner perhaps won't change the world, but with time they might have a lasting effect on building in our world. Therefore, it is worth the effort to take the sovereignty of a visionary seriously and to lift it to the level of an international matter in its sensual and spiritual form as an example of an inspirational and valid architecture.

The Sensual and the Spiritual

During his lifetime, the thinker Rudolf Steiner, in a sympathetic way, turned many necessities into virtues that are not at all arbitrary but instead point to substantial matters. This also applies to his handling of the organic to which he gave priority. He provided all his spatial productions with a natural gestalt that we so urgently seek.

Making architecture at all understandable is a process that is also about knowledge, education and about doing at least a little more justice to the responsibility towards life, not avoiding it. Understanding Steiner's work especially

auszuweichen. Das Verstehen des Steinerschen Werkes fordert im besonderen die Berücksichtigung des hier ange-
deuteten Spektrums heraus. Die Begegnung mit den Steiner-Bauten vollzieht sich von außen nach innen. Dabei wird
das In-sich-Hineinhorchen schließlich zu einer Art Selbstvergessenheit, setzt aber zunächst ein Verlangen nach dem
Schönen frei, das sich hier in der nahtlosen Verbindung von Sinnlichem und Geistigem kundtut.

Das Erlebnis des Plastisch-Architektonischen auf dem Dornacher Hügel lenkt unmittelbar die Aufmerksamkeit auf
jene Persönlichkeit, die dieses Bauschaffen entscheidend prägte und auf viele aktuelle Fragen überraschende
Antworten gab: auf Rudolf Steiner. Dessen Lebenswerk wird von Walter Kugler in seinem Essay «Der Philosoph und
das Türschloß» einprägsam skizziert.

Meine berufliche Ausrichtung zeigt sich im Bemühen um eine klare Ordnung, um einen Dialog als Fundament ver-
antwortbarer Lösungen, im Ablehnen isolierten Schwärmertums, aber auch in nachvollziehbarer Klarheit gegen den
Fachjargon, vielfach verwendet auch von sich selbst inszenierenden Spezialisten. Denn nur, wer eine Rückbesinnung
auf die Wurzeln nicht scheut, also das Metier kennt, wird frei für die Gegenwart.

requires one to consider the spectrum that is indicated here. The encounter with the Steiner buildings happens from
outside to inside. Listening into oneself brings about in the end a kind of self-oblivion but at first it releases a desire
for beauty that communicates itself here in the seamless connection of the sensual and spiritual.

The experience of the sculptural architecture on the hill in Dornach immediately directs our attention to the person-
ality that decisively influenced this architectural work and gave surprising answers to many topical questions: Rudolf
Steiner. His lifework is impressively portrayed by Walter Kugler in his essay "The Philosopher and the Door Lock."

My professional orientation is displayed in my effort to achieve a clear structure, a dialog as the foundation for solutions that can be answered for in the rejection of isolated enthusiasm, and also in an understandable clarity against
the professional jargon that is often used by specialists who are producing themselves. Because only those who don't
shy away from a retrospection of the roots, who know the profession, become free for the present.

Learning from Nature

The naturally evolved and the creations of man are contradictions. For example, a bird is natural and an airplane is
unnatural. The procedure of nature is comparable with a soft technology: achieving as much as possible with as little as possible. At the same time, nature has established an "aesthetic sensibility" that extends beyond any taste of
the time. Copying nature, of course, does not suffice; what is necessary is a knowledge about nature and learning
from nature. According to Blaise Pascal, ideals are like stars – they can not be reached but we can use them for orientation. Leonardo, for example, sensed that man would be able to fly if only he could somehow succeed in ascer-

Von der Natur lernen

Natürlich Gewordenes und vom Menschen Geschaffenes sind Gegensätze. So ist zum Beispiel der Vogel das Natürliche und das Flugzeug das Unnatürliche. Das Vorgehen der Natur ist mit einer sanften Technologie vergleichbar: soviel wie möglich mit sowenig wie möglich zu erreichen. Zugleich hat die Natur eine «Ästhetik» begründet, die über jeden Zeitgeschmack erhaben ist. Die Natur zu kopieren reicht freilich nicht aus; gefragt sind Naturkenntnisse und das Lernen von der Natur. Nach Blaise Pascal sind Ideale wie Sterne, man kann sie zwar nicht erreichen, sich aber sehr wohl an ihnen orientieren. Ein Beispiel: Leonardo ahnte, daß der Mensch nur dann fliegen kann, wenn es ihm gelingt, in die Geheimnisse des Vogelfluges einzudringen und den Flügelschlag – also die natürliche Vorlage – nachzuempfinden. Aus solch intensivem Naturbetrachten entstanden phantasievolle Experimente.

Von den Philosophen des klassischen Altertums wissen wir, daß die Bewegung Optimierung und bestmögliche Umsetzung von Kraft ist. In der Bewegung und Kraft einer Konstruktion mit geringstem Material- und Energieaufwand können Bauprinzipien der Natur nachempfunden werden. Die Stützenarchitektur des Pariser Eiffelturms korrespondiert mit dem konstruktiven Merkmal des Aufbaus von Knochenbälkchen. Der röhrenförmige Hochbau eines Fernsehturms findet seine natürliche Entsprechung in einem Getreidehalm. Im Spinnennetz liegen perfekte Problemlösungen filigraner Konstruktionen, die zu den Meisterwerken der Bautechnik gehören. Die Schöpfung macht auch den Menschen kreativ, die «Ingenieurin Natur» ist unser Vorbild. Gute Lösungen folgen oft «Bauprinzipien» der Natur.

Die Natur mit all ihren Erscheinungsformen, mit ihrem Werden und Vergehen, hat uns vorgemacht, wie technische Probleme zu meistern sind und Lösungen gefunden werden können. Die Umsetzung solcher Problemlösungen der

taining the secrets behind the flight of birds and imitate the flapping of wings – i.e., the natural model. Bizarre experiments resulted from such intense observation of nature.

We know from the classical philosophers that movement is the optimization and best possible conversion of force. Natural construction principles can be modeled on the movement and force of a construction with the lowest possible expenditure in materials and energy. The pillar architecture of the Paris Eiffel Tower corresponds with the constructive characteristics of the structure of small bone beams. The tube-shaped structure of a television tower finds its natural equivalence in a stalk. Perfect solutions of filigree constructions that are among the masterpieces of architecture are found in a spiderweb. Creation also makes man creative; the "natural engineer" is our model. Good solutions often follow the "building principles" of nature.

Nature with all its appearances and characteristics, with its becoming and passing, has shown us how technical problems can be mastered and solutions can be found. The realization of such solutions of nature, as can be found especially with Rudolf Steiner, can and should be an important life principle today, as well.

Natur, wie sie gerade auch bei Rudolf Steiner zu finden sind, können und sollen auch heute eine wichtige Lebensgrundlage sein.

«Open Region» am Beispiel Rudolf Steiners

Der vielseitige, österreichisch-deutsch-schweizerische Goetheforscher Rudolf Steiner (1861–1925, Gründer der Anthroposophie mit dem Goetheanum als Mittelpunkt) war als Autodidakt zur Architektur gekommen. Der Hausbau war bei ihm eine Synthese aus vielfältigen und ständig sich verändernden Elementen – auf der Grundlage einer Ethik der wahren Menschlichkeit.

Das Goetheanum in Dornach bei Basel ist ein Kongreß- und Festspielhaus und zudem Sitz der Freien Hochschule für Geisteswissenschaft sowie das Zentrum der weltweit tätigen Anthroposophischen Gesellschaft. Letztere ist auch der wirtschaftliche Träger. Ohne nennenswerte Subventionen der öffentlichen Hand finden hier regelmäßig Theater- und Eurythmieaufführungen, Konzerte, Vortragsveranstaltungen, Fachkongresse und Fortbildungsveranstaltungen statt, zu denen Besucher und Teilnehmer aus aller Welt, Anthroposophen und – mindestens ebenso viele – Nicht-Anthroposophen anreisen.

Seit jeher wird der Zugang zu Bauwerken über die Gestalt gesucht. Zu schnell jedoch wird das architektonische Werk von Rudolf Steiner als ein später, wiedererwachter Jugendstil abgetan. Demgegenüber steht die Gewißheit, daß seine Rückverbindung in einem sinnlich-kreatürlichen Suchen, in symbolfähigem Gestalten und naturnahen Dingen zu finden ist. Er baute einfach und monumental. Einfachheit ist hier weniger als Ästhetik denn als Haltung gemeint. Das Bauen war für ihn eher ein Ordnen im Sinne der Aufgabe und angesichts des Geistes am jeweiligen Ort. Er richtete

"Open Region" in the Example of Rudolf Steiner

The versatile, Austrian-German-Swiss Goethe researcher Rudolf Steiner (1861–1925, founder of anthroposophy with the Goetheanum at its center) had made his way to architecture as an autodidactic. The building of houses was for him a synthesis of numerous and continuously changing elements – based upon an ethics of true humaneness.

The Goetheanum in Dornach near Basel is a conference and festival house and also the headquarters of the School for Spiritual Science and the center of the globally active Anthroposophical Society. The latter is also the economic sponsor. Without any subsidies from the public sector worth mentioning, theater and eurythmy performances, concerts, lecture events, professional conferences and educational events take place here on a regular basis. Visitors and participants from all corners of the earth, anthrophosophists and – at least as many – non-anthroposophists travel to Dornach for these purposes.

Access to buildings has always been searched for through design. However the architectural oeuvre of Rudolf Steiner is too quickly dismissed as a late, reawakened art nouveau. This is opposed by the certainty that his connection with the past can be found in a sensual creative search, in symbolic design and things close to nature. He built simply and monumentally. Simplicity here is meant less as a formal aesthetics than as an attitude. Building for him was rather an organizing in the sense of the task and a confronting of the spiritual in the appropriate location. He oriented the design and scale of architecture to the sensual possibilities of man. Much reminds us of Laotses standard, "Everything living is subject to change. It unfolds and returns to the original ground."

Steiner was aware of the transience of his actions, without a market or management. And yet, his buildings are trend-

Gestalt und Maß des Bauens nach den sinnlichen Möglichkeiten des Menschen aus. Vieles erinnert an den Ausspruch Laotses: «Alles Lebendige ist dem Wechsel unterworfen. Es entfaltet sich und kehrt zum Urgrund zurück.»

Die Vergänglichkeit seines Tuns, ohne Markt und Management, war ihm bewußt. Dennoch sind seine Bauten in ihrer menschlichen Wärme wegweisend. Sie zeigen einfache, elementare Gestaltungen in mehrheitlich geschlossenem, moduliertem Mauerwerk und Öffnungen mit abgeschrägten Flächen. Miteingeschlossen sind jeweils auch – uneitel und schweigsam – die besondere Spiritualität seiner Bauherren und ein hohes Maß an handwerkgerechtem Denken.

Der erste Bau des Goetheanums – eine Holzkonstruktion – wurde nach dem Bauhütten-Prinzip im organisch-plastischen Baustil 1913–1919 errichtet. Nach dessen Zerstörung durch den Brand in der Silvesternacht 1922/23 entstand schon wenig später, 1924–1928, das zweite Goetheanum in monumentaler Sichtbetonkonstruktion: Kurvige Formen verdrängen den rechten Winkel, alles Starre wird aufgelöst; das Schweifige erweckt den Eindruck des organisch Gewachsenen. Rudolf Steiner war der Architekt, der mehrheitlich auch die zugehörigen Umgebungsbauten entworfen hat, wie das Fernheizgebäude von 1914, das Glashaus (Atelier, in dem die farbigen Glasscheiben für die Goetheanum-Bauten geschliffen wurden) in Holzkonstruktion, ebenfalls von 1914, sowie mehrere Wohnbauten und das Eurythmeum in Sichtbeton von 1923, das die Formensprache des zweiten Goetheanum-Baues bereits ankündigt.

setting in their humane warmth. They show simple, elementary designs in, for the most part, closed and modulated masonry work and openings with slanted surfaces. Enclosed are also – not vain and silent – the special spirituality of his clients and a high degree of thinking that lives up to the standards of the trade.

The first Goetheanum – a wood construction – was erected between 1913 and 1919 following the Bauhütten principle in the organic-sculptural building style. After the fire in 1922, a short time later, between 1924 and 1928, the second Goetheanum was built in a monumental fair-faced concrete construction: curved forms replaced the right angles, everything rigid was resolved; the curved shapes create the impression of the organically grown. Rudolf Steiner also designed the majority of the surrounding buildings such as the boiler house from 1914, the glass house (studio in which the colored glass panes for the Goetheanum buildings were cut) as a wood construction also dating back to 1914, several apartment buildings and the Eurythmeum in fair-faced concrete from 1923 that announced the formal language of the second Goetheanum.

Burgruine Birseck in Arlesheim, 13. Jh.

Ruins of the Castle Birseck in Arlesheim, 13th cent.

14

Stiftkirche im Frühbarock mit Domplatz in Arlesheim, 1679–1681.

Collegiate church in the early baroque with cathedral square in Arlesheim, 1679–1681.

Ermitage, romantischer Landschaftsgarten in Arlesheim, 18. Jh.

Ermitage, romantic landscape garden in Arlesheim, 18th cent.

Jochen Bockemühl
Lebenszusammenhänge: Mattenblumen in der Wandelhalle des Goetheanum

Von dem Goethe-Wort «Kenne ich mein Verhältnis zu mir selbst und zur Außenwelt, so heiß' ich's Wahrheit» führt ein direkter Weg zur Ästhetik, denn Ästhetik ist das Fundament des Gewissens. – Aus dem naturgegebenen Zusammenhang finden wir auf den Tischen der Cafeteria im Bauwerk des heutigen Goetheanums eingestellte Mattenblumen im einfachen Glas mit eingravierten, organischen Formen. Die Natur selbst kommt zur Wirkung. Man kann versuchen, die eigene Ideentätigkeit in diese Richtung zu bringen.

Jochen Bockemühl
Life Contexts: Meadow Flowers in the Foyer of Goetheanum

A direct path leads to aesthetics from the Goethe proverb "If I know my relationship with myself and with the outer world, I call that truth," because aesthetics are the foundation of consciousness. – Today, we find meadow flowers on the tables of the cafeteria of today's Goetheanum in simple glass with engraved organic forms from the naturally given context. Nature itself comes into effect. We can try to direct our own mental activity in this direction.

1, 2 Blick auf den Gempenstollen und das Goetheanum von Nordwesten her.

1, 2 View to the Gempenstollen and the Goetheanum from the northwest.

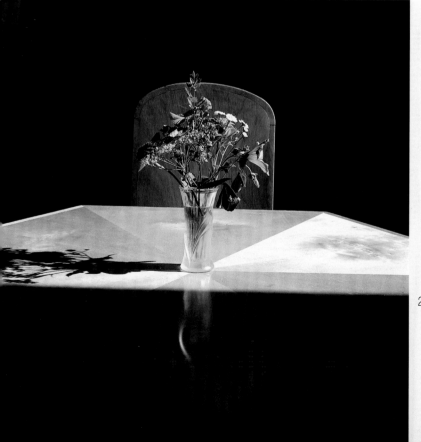

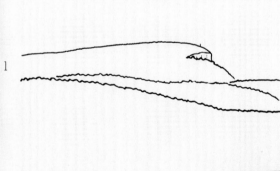

1

2

Rudolf Steiner
Plastisches als Basis für die Gestalt

Erstes Goetheanum, erbaut 1913–20. Doppelkuppelbau in Holz auf Betonsockel. Großer Theater- und Vortragssaal sowie Übungs- und Seminarräume. Niedergebrannt in der Silvesternacht 1922/23. Modellnachbildung von Albert von Baravalle.

Rudolf Steiner
The Sculptural as a Basis for the Design

First Goetheanum, built 1913–20. Double cupola building in wood on a concrete foundation. Large theater and lecture hall as well as practice and seminar rooms. Burnt down New Year's Eve 1922/23. Model replica by Albert von Baravalle.

Plastilinmodell, 1913

Plastiline model, 1913

Skizze, 1913

Sketch, 1913

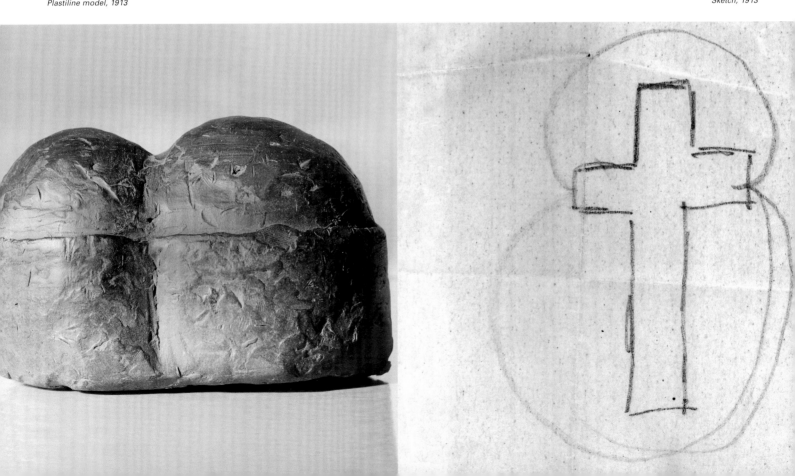

Rudolf Steiner
Gipsmodell: Haus de Jaager 1921

Das von Rudolf Steiner stammende Original-Modell zeigt das organische Hervorwachsen der fensterlosen Hauptfassade aus plastischem Rohstoff. So erscheint das Organische in einer beeindruckenden Reinheit, wodurch es auch vom menschlichen Bewußtsein in all seinen Bewegungsnuancen erfaßt werden kann.

Rudolf Steiner
Plaster Model: De Jaager House 1921

The original model from Rudolf Steiner shows the organic development of the windowless main façade from sculptural raw materials. The organic thus appears in an impressive purity and can therefore be perceived in all its nuances of movement by the human consciousness.

Rudolf Steiner, Edith Maryon
Gipsmodell: Eurythmiehaus 1921

Trotz der blockhaften Gesamtform vermittelt das Modell einen Eindruck von Leichtigkeit und Dynamik. Gebaut in Sichtbeton, wird der Blick sofort gerichtet auf Bewegungen, auf Neigungen, Biegungen und Gerade. Hier hat man es zu tun mit einer Komposition voll lebendiger Kraft und voller Spannung; in der Gestaltfindung dominiert das Überleitende und zugleich das Festigende.

Rudolf Steiner, Edith Maryon
Plaster Model: Eurhythmy House 1921

The block-like overall form of the model still communicates an impression of lightness and dynamics. Built in fair-faced concrete, the eye is immediately directed towards movements, slopes, curves and straight lines. Here we are dealing with a composition full of living force and tension; the transitional and at the same time the stabilizing forces dominate the design.

Bauschreinerei mit Hochatelier seit 1914

Rudolf Steiner entwickelte sein organisch-plastisches Bauen am Modell mit plastischen Materialien: mit Wachs, Plastilin und Gips. Durch seine schöpferische Hand entstand die jeweilige Gestalt. Das Zusammenwirken der Künste, von Architektur und Plastik, führte zum integrierenden Gesamtkunstwerk. Die Schreinerei sowie eine der Eingangspartien des ersten Goetheanums blieben von den Flammen verschont. Letztere dient heute als Fronteingang zum Hochatelier. In die seitliche Fachwerkfassade sind ebenfalls erhalten gebliebene, organisch geformte Fenstereinheiten eingebaut worden. Auch das an das Hochatelier nach Süden anschließende Holzgebäude mit senkrechter Bretterverschalung und leicht gestreiftem Dachgesims erinnert an die Gestalt und Sprache des ersten Goetheanums. Heute beherbergt dieser Teil Eurythmie-Übungsräume. Die Vorarbeiten wurden von einer Werkgemeinschaft nach dem Bauhütten-Prinzip in der Schreinerei am Goetheanum ausgeführt. Rudolf Steiner sagte treffend: «Eine wahre Harmonie der Seele kann doch nur da erlebt werden, wo den menschlichen Sinnen in Form, Gestalt und Farbe usw. als Umgebung sich das spiegelt, was die Seele als ihre wertvollsten Gedanken, Gefühle und Impulse kennt» (zitiert nach H.R./P. Clerc, S. 48).

Carpentry Workshop with Studio since 1914

Rudolf Steiner developed his organic-sculptural building method using models and sculptural materials: wax and plaster. The design was shaped by his creative hands. The interaction of architecture and sculpture led to a holistic work of art. The carpentry workshop and one of the entrance sections of the first Goetheanum were spared by the flames. The latter serves as the front entrance to the atelier today. Preserved, organically shaped window units have been installed in the lateral timberwork façade. The wood building adjoining the high studio towards the south, with its vertical wood panel encasing and slightly striped roof cornice, is reminiscent of the design and language of the first Goetheanum. Today, this section houses the eurythmy practice rooms. The preliminary work was done by a working community according to the Bauhütte principle in the carpentry shop at Goetheanum. Rudolf Steiner put it succinctly: "A true harmony of the soul can be experienced only where the environment reflects towards the human senses in form, shape and color, etc. what the soul recognizes as its most precious thoughts, feelings and impulses." (quoted after H.R./P. Clerc, p. 48)

Das Goetheanum I 1913–20

1913 fand die Grundsteinlegung für den von Steiner entworfenen ersten Goetheanum-Bau in Dornach bei Basel statt. Der Basler Zahnarzt Emil Grossheintz und weitere antroposophische Freunde hatten Grundstück unterhalb des Dornacher «Bluthügel» zur Verfügung gestellt. In diesem Zusammenhang zahlreiche künstlerische Arbeiten: Deckenmalereien, Skulpturen, Entwürfe für Motive der farbigen Glasfenster sowie für zahlreiche Details wie Säulen, Architrave, Türklinken, Treppengeländer, Heizkörperverkleidungen usw.
In der Silvesternacht 1922/23 wird das Goetheanum durch Feuer vollständig zerstört. Die Ursache: Brandstiftung.

The Goetheanum I 1913–20

In 1913, the foundation stone was laid for the first Goetheanum building in Dornach near Basel designed by Steiner. The Basel dentist Emil Grossheintz and other Anthroposophical friends had provided properties at the foot of the Dornach "Bluthügel". In this context, numerous artistic works: ceiling frescos, sculptures, designs for motifs of the stained glass windows and for numerous details like columns, architraves, door handles, staircase railings, heater covers, etc.
At New Year's Eve 1922/23 the Goetheanum is totally destroyed by a fire. The reason: arson.

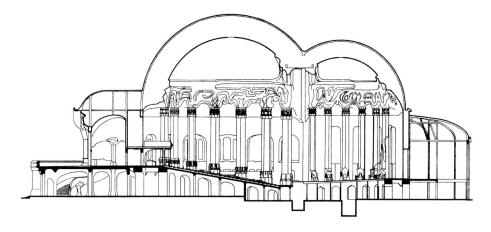

Das erste Goetheanum, Längsschnitt

The first Goetheanum, longitudinal section

23

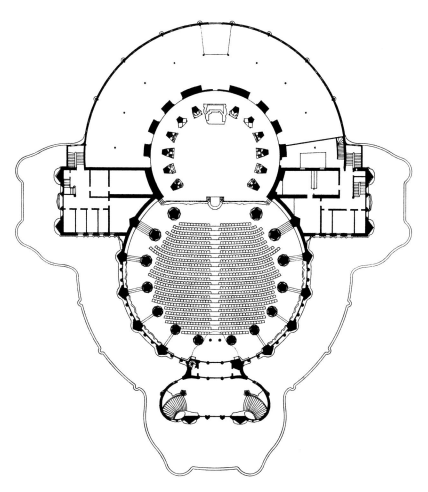

Das erste Goetheanum, Grundriß des Saalgeschosses mit ca. 900 Sitzplätzen

The first Goetheanum, ground floor of the hall with ca. 900 seats

Die Wegsteine an der Allee in der Achse zum Hauptbau verraten durch ihre Gestalt die Zugehörigkeit zum ersten Goetheanum, aber auch die Anlage der Wegführung, die Außenmöblierung (Sitzbänke, Gartentore) und die Rondell-aufschüttung mit der Drachenschwanz-Pflästerung, die einer liegenden Mauer gleicht. Eigenhändige Skizzen von Rudolf Steiner für die Wegmale weisen auf das Organische der Naturform hin, gleichsam wie eine Sichtbarwerdung jener Worte von Rosseau: «Retour à la nature».

Zur Umgebung gehören auch das Felsli, eine kreisrunde, über sieben ringförmig angeordnete Stufen zu erreichende, natürlich gehaltene Aussichtsplattform, sowie der romantische Felsli-Weg (erstellt 1914/15), der, von unten ansteigend, in einem weiten Bogen auf der Höhe des «Drachenschwanzes» den Blick auf das Goetheanum freigibt, jedoch nicht unmittelbar auf den Haupteingang ausgerichtet ist, sondern zur Nordwestseite führt. Ganz in der Nähe, in einem Bach-Sumpf-Gelände, befindet sich heute eine Wassertreppe des englischen Bildhauers John Wilkes. Das vom Bach abgeleitete Wasser begibt sich, hervorgerufen durch die blattartige Form der sieben Schalen, in einen lemniskatisch-rhythmischen Bewegungsvorgang, wodurch der Fließweg um ein Mehrfaches verlängert wird und sich das Wasser neu vitalisiert.

26

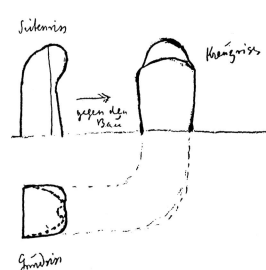

Landscape Design of the Goetheanum Hill since 1914

The stones of the path along the alley on the axis to the main building reveal in their shape their affiliation with the first Goetheanum, as do the design of the path line, the outdoor furnishings (benches, garden gates) and the rise to the round flower beds with the Drachenschwanz paving, which is similar to a reclining wall. Sketches by Rudolf Steiner for the path point to the organic of the natural form and a visible realization of the words of Rousseau: "Retour à la nature."

The Felsli is also part of the surroundings, a circular natural viewing platform that can be reached via seven steps arranged in a circular shape, and the romantic Felsli-Weg (realized 1914/15) that, rising from the bottom, offers a view of the Goetheanum in a wide arch at the height of the Drachenschwanz; however, it isn't directly oriented towards the main entrance but leads to the northwest side. In the near vicinity, in a stream-swamp area, a water staircase by the English sculptor John Wilkes can be found today. The water diverted from the stream starts a lemniscatic-rhythmical movement due to the leaf-shaped form of the seven bowls thus extending the path of the flow and revitalizing the water.

Glashaus 1914

Das Glashaus war 1914 erbaut worden und diente als Atelier für die Glasradierungen der Fenster, die für das erste Goetheanum bestimmt waren. Für die Technik des Glasradierens ist durchscheinendes Licht nötig. Nach Rudolf Steiner ist das Glashaus aus einer Erfahrung metamorphosierender Vorgänge entstanden. Der mit Schindeln bedeckte Holzbau mit den beiden schiefergedeckten Kuppeln weist äußerlich Gestaltelemente auf, die Erinnerungen an das 1922 abgebrannte Goetheanum wachrufen. Dieses eindrucksvolle Bauwerk wird durch das axial über vier Stufen erreichbare, also etwas erhöht angelegte Portal sowie durch die beiden Kuppeln und die imposanten, dreiteiligen Fenster bestimmt, die zugleich Ausdruck der natürlich-künstlerischen Regieführung ihres Schöpfers sind. Nach einem Goethe-Wort ist das Schöne eine Manifestation geheimer Naturgesetze. Diese hier wären ohne eine solche Gestaltung, wie wir sie am Glashaus vorfinden, wohl noch für lange Zeit im Verborgenen geblieben. Heute sind leider die hohen Kuppelräume – auch nach außen hin sichtbar – in Geschosse unterteilt und dienen als Büros für den Verlag am Goetheanum und die naturwissenschaftliche Sektion.

30

Glass House 1914

The Glass House was erected in 1914 for the creation of the glass etchings of the windows in the large hall of the first Goetheanum. The light that shines through is necessary for the technique of glass etching. According to Rudolf Steiner, the Glass House resulted from an experience of metamorphosing processes. The wood structure covered with shingles with the two slate-covered cupolas displays design elements on the exterior that awaken memories of the Goetheanum that burnt down in 1922. This impressive building is characterized by the slightly higher portal that is reached axially via four steps and by the two cupolas and the impressive three-section windows that are simultaneously an expression of the natural-artistic direction of their creator. According to a saying by Goethe, the beautiful is a manifestation of secret natural laws. The ones here would most likely have remained hidden for a long time without a design such as that which can be found in the glass house. Today, unfortunately, the high cupola rooms – also visible to the outside – have been divided into floors and serve as offices for the publishing house at Goetheanum and the natural sciences section.

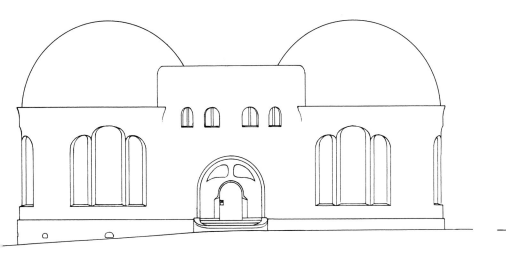

Vorderansicht (Süden)

Front view (south)

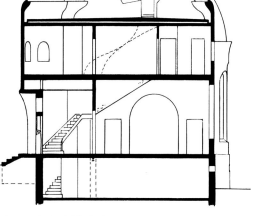

Querschnitt durch Mitteltrakt

Cross section through middle section

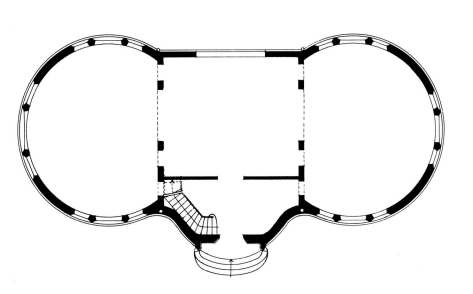

Erdgeschoß

Ground floor

Heizhaus 1914

Die Gestalt des Heizhauses, eine Betonkonstruktion, hatte Rudolf Steiner aus den Kräften Wärme, Dampf, Rauch, also aus den Wärmeprozessen der Kohle und des Wassers, entwickelt. Es dient, auch heute noch, als Fernheizung und ist damit ein Verbindungsglied der einzelnen Gebäude untereinander. Der Bau, einer Sphinx ähnlich, lagert am nördlichen Rande des Hügels, etwas unterhalb des Goetheanums. Seine Formgestalt hatte Steiner am Wachsmodell, später am Wachs-Plastilin-Modell nach und nach entstehen lassen. Von einem dritten Modell wurde ein Gipsabguß angefertigt. Der Versuch, die Gestalt geisteswissenschaftlich-sinnlich zu erfassen, wie sie im Material selbst lebt, ist vollumfänglich zur Erscheinung gekommen und kann heute noch nachvollzogen werden. Die Gestaltungselemente sind gegensätzlich: zwei ruhende Kuppeln mit dynamischen Ästen des Kamins in ihrer Mitte bis hin zu den Hörnern der Fenster- und Türumrahmung. Gerade dieser Zweckbau zeigt sehr deutlich, wie der geistig verstandene Funktionalismus künstlerisch zu spiritueller Intellektualität gestaltet wurde.

Boiler House 1914

The design of the boiler house, a concrete construction, was developed by Rudolf Steiner out of the forces of warmth, steam, smoke – i.e., the heating processes of coal and water. It still serves as district heating today and thus is a link between the individual buildings. The building, similar to a sphinx, is located at the northern edge of the hill, slightly below the Goetheanum. Steiner developed its formal design gradually on the wax model, and later on, the wax-plastillin model. A plaster cast was made of a third model. The attempt to grasp the gestalt in a spiritual, scientific, sensual way as it lives in the material itself has fully come to expression and can still be understood today. The building frame elements are contradictory: two resting cupolas with dynamic branches of the chimney at their center to the horns of the window and doorframes. This utility building shows especially clearly how the spiritually understood functionalism was shaped artistically into a spiritual intellectuality.

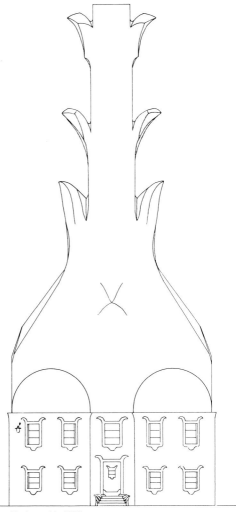

Vorderansicht (SW)

Front view (SW)

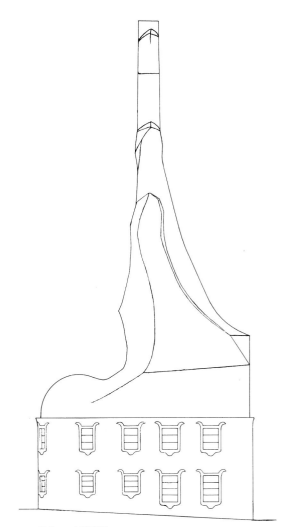

Seitenansicht (SO)

Side view (SE)

2. Obergeschoß

Second floor

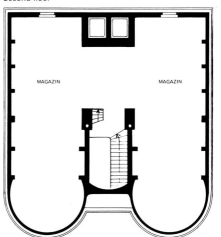

MAGAZIN   MAGAZIN

Haus Duldeck 1915/16

Das großzügig angelegte Wohnhaus mit 15 Zimmern fällt vor allem auf durch sein weit über die Mauern sich hervorstülpendes, massives und zugleich schwerelos anmutendes, in Betonkonstruktion erstelltes Dach. Rudolf Steiner sagte damals: «Was auch immer heute noch eingewendet wird gegen diese Bauart, gegen diesen Baustil – es ist doch die Bauart, es ist doch der Baustil der Zukunft» (zitiert nach E. Zimmer, S. 75). Auf der Kuppe des Goetheanum-Hügels gelegen, kommt in diesem Bauwerk die innere Beziehung zur Natur zum Ausdruck. Dies bestätigt auch die folgende Äußerung des Erbauers: «Ich habe, als das Denken darüber noch aktuell war, vor allem an die Architektur des Terrains gedacht und wollte die einzelnen Bauformen daraus entstehen lassen» (Zimmer, S.13). Die Grundlage für das baukünstlerische Schaffen war hier die Arbeit am Plastilinmodell. Das Haus Duldeck ist ganz offensichtlich aus einem fein abgestimmten Materialgefühl heraus entstanden. Während die betonierten Außenwände im Inneren eine Hohlziegelschicht aufweisen, kommen in der Dachpartie vor allem Zement, Kies, Sand und Wasser zur Anwendung, dazu Eisen als Armierung und die Schalung als Negativform, in der sich das Flüssige zum Festen formt. Die Dachfläche selbst ist mit norwegischem Schiefer gedeckt. Das in westlicher Richtung auf nahezu gleicher Höhe mit dem Goetheanum gelegene Haus Duldeck ist heute Sitz des Rudolf-Steiner-Archivs der Rudolf-Steiner-Nachlaßverwaltung, deren Ausstellungsräume im Erdgeschoß öffentlich zugänglich sind.

44

Duldeck House 1915/16

The generously designed apartment house with 15 rooms is striking especially due to its massive concrete roof that bulges massively beyond the walls while at the same time appearing weightless. Rudolf Steiner said at the time, "Whatever may still be said against this kind of architecture, this building style today – it is the architecture of the future" (quoted from E. Zimmer, p. 75). Situated on the top of the Goethanum hill, the inner relationship with nature is expressed in this building. This is also confirmed by the following statement by the architect: "At a time when thinking about it was still in vogue, I especially considered the architecture of the terrain and wanted to develop the individual building forms from it" (Zimmer, p. 13). The basis for the architectural creation was the work on the plastillin model. Duldeck House has obviously been developed from a finely tuned feeling for the material. Whereas the concrete exterior walls are covered on the inside with a wood shingle layer, cement, gravel, sand and water are mainly used in the roof section, as well as iron as reinforcement and the shuttering as the negative shape in which the liquid transforms into the solid. The roof is covered with Norwegian slate. Duldeck House, which is located west of the Goetheanum almost at the same elevation, today serves as the seat of the Rudolf Steiner Archives of the Rudolf Steiner Estate, whose exhibition rooms are publicly accessible on the ground floor.

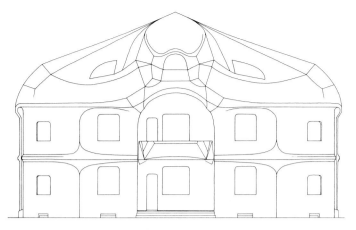

Nordost
Northeast

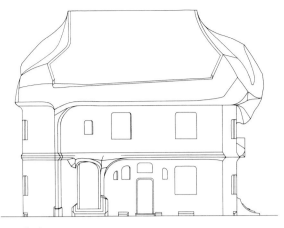

Nordwest
Northwest

Erdgeschoß
Ground floor

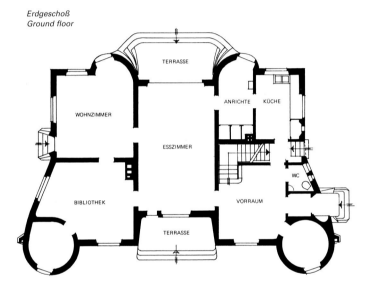

TERRASSE

ANRICHTE KÜCHE

WOHNZIMMER

ESSZIMMER

WC

BIBLIOTHEK

VORRAUM

TERRASSE

Dachaufsicht (mit Höhenlinien)
Roof (with contour lines)

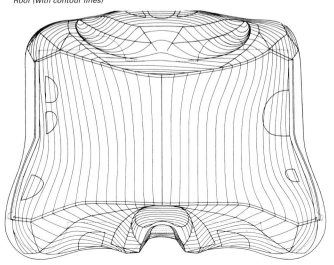

Haus van Blommestein 1919/20

Das einstöckige Haus ist über die Jahre hin vollständig von der Vegetation überwuchert worden. Die Bauherrin war eine Holländerin, Louise van Blommestein, die einen starken Hang zum Geheimnisvollen und Weltoffenen zugleich hatte. Beim schützenden Dach geht das Bergende unmittelbar in das Verbergende über. Balkonartige Einschnitte beleben die Dachfläche. Bei der Südfassade finden wir etwas Wohltuendes, Gleichgewichtiges, sich Herabsenkendes; dazu die Nordfassade mit einer aufsteigenden Gebärde. Die Gestalt ergab sich aus dem Modellieren. Einbuchtendes und Ausbuchtendes vereinigen sich und vermitteln den Gestus des Sich-Abschließens zum Inneren hin und des Sich-Öffnens nach außen. Diese Gegensätze finden wir in zarter Andeutung auch in den ein- und ausbuchtenden Elementen der Dachpartie, an der man zuweilen mehr das Körperlich-Plastische, dann wieder mehr das Räumliche empfindet. Hier wird nachvollziehbar, wie bei Steiner die Innerlichkeit ein wichtiger Aspekt seiner menschengemäßen Baukunst ist.

Van Blommestein House 1919/20

The single story house has become completely overgrown by vegetation over the course of the years. The client was a Dutch woman, Louise van Blommestein, who had a strong affinity for the mysterious and, at the same time, towards the cosmopolitan. The protective roof immediately merges, harboring and concealing. Balcony-like incisions add life to the roof surface. The south façade offers something comforting, balanced, and descending; the north façade answers with an ascending gesture. The design resulted from modeling. Curves to the inside and the outside unite and communicate the gesture of enclosure towards the inside and an opening up towards the outside. These opposites can be found subtly suggested in the elements of the roof section that curve in and out, where we can sometimes sense the physical-sculptural and at other times the spatial. Here, it becomes tangible how the inwardness is an important aspect of Steiner's humane architecture.

Straßenseite von Südwesten

Street side from the southwest

Haus Vreede in Arlesheim 1920/21

Das flächige Holz mit abgestuften Rundungen als Material des vielgliedrigen ersten Goetheanums steht im Kontrast zum Beton mit mehr gekrümmten Flächen des heutigen massiven Gebäudekomplexes. Die organisch-plastische Gestalt, zu der auch die Topologie in erhöhter Kammlage am Fuße des Jura-Gebirges, im besonderen der nahegelegene Gempenstollen, gehört, ist aus der Metamorphose entstanden. Bei dem Wohnhaus in Arlesheim galt es, seine Gestalt in verputztes Backsteinmauerwerk zu kreieren, also aus dem Materialgefühl und aus der Materialempfindung heraus zu bauen. Auffällig ist das Herabziehen der vier Walmdachecken, die ein organisches Verhältnis zueinander bilden. Der schöpferische Prozeß des organischen Werdens bei Rudolf Steiner ergibt sich aus dem Primat der Gestalt. Das Wohnhaus selbst ist bis in den äußeren Umriß hinein rechteckig. Drei bauliche Akzente in der näheren Umgebung prägen die Situation: gegen Nordwesten der Arlesheimer Dom, gegen Nordosten das Schloß Birseck mit der an seinem Berghang gelegenen Ermitage und im Süden das Goetheanum.

54

Vreede House in Arlesheim 1920/21

As the material of the first Goetheanum, the flat wood with graded curves stands in stark contrast to the concrete and arched surfaces of today's massive building complex. The organic sculptural gestalt, part of which is also the topology in the raised hilltop situation at the foot of the Jura Mountains and especially of the nearby Gempenstollen, has emerged from a metamorphosis. The task for the apartment house in Arlesheim was to create its form into plastered brickstone, i.e., out of the feeling for the material and its perception. The four descending edges of the hipped roof, which have an organic relationship with one another, are quite striking. For Rudolf Steiner the creative process of the organic development results from the primal nature of the design. The apartment house is rectangular up to the outer delineation. Three architectural accents in the near vicinity influence the situation: towards the northwest, the Arlesheim dome; towards the northeast, Birseck Castle with the hermitage situated on its slope; and towards the south, the Goetheanum.

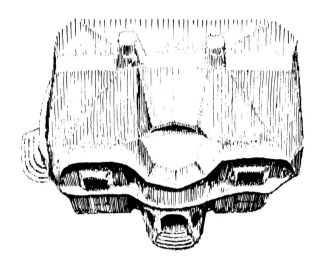

Modell: Dachaufsicht von der Straßenseite

Model: Street side of roof

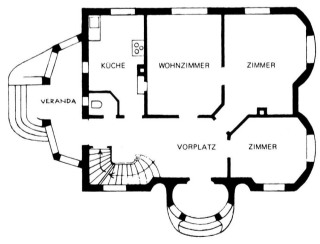

Erdgeschoß

Ground floor

Drei Eurythmiehäuser 1920/21

Diese Häuser waren ursprünglich als Wohnungen für Eurythmistinnen bestimmt. Die Fenster sind zum Teil loggia-artig ausgehöhlt, und die Öffnungen sind faltenartig in das Dach hineinkomponiert. Die Dreiheit dieser Häuser – welche sich stolz als Metamorphose eigener Art zum Hauptbau hin orientieren – ist als eine Ganzheit aufzufassen. Jedes Haus hat seine eigene Ebene, und die Höhenunterschiede werden durch Böschungen ausgeglichen. Durch die Ausbildung der Erker hob man die Glaswandflächen noch konsequenter in den Raum hinein, um seitliches Licht in das Innere zu führen. Die Grundgesten der Häuser sind bestimmt von der Bewegung hin zum Licht. Die Häuser haben einen ockergelben Verputz, der Eternitschiefer des Daches ist rotbraun.

Three Eurhythmy Houses 1920/21

These houses were originally built as apartments for female eurhythmists. Parts of the windows are carved out like loggias, and the openings, similar to folds, have been composed into the roof. The threefold nature of these houses – which proudly orient themselves towards the main building as a metamorphosis of their own kind – has to be understood as a whole. Each house has its own level, and the differences in height are evened out through the use of embankments. The glazed wall surfaces were moved even more consistently into the space through the shape of the oriels used in order to guide lateral light to the inside. The basic gestures of the houses are determined by the movement towards the light. The houses are covered with yellow-ochre plaster, and the fiber cement slate on the roof has a reddish-brown color.

Modell 1:75
Südansicht

Model 1:75
South view

Transformatorenstation 1921

Die geradlinigen Formen des Transformatorenhauses mit hervortretenden Auskragungen richten sich in alle Himmelsrichtungen auf die von Elektra-Birseck geforderte Apparatur aus. Über dem Türsturz ist eine Einknickung, als ob ihm von oben ein Schlag versetzt worden wäre. Der turmartige Bau dient elektrischen Umschaltprozessen und zeigt das Nichterkennbare, das Abstrakte der Elektrizität. Im künstlerischen Wesensausdruck liegt Umformung, ein gültiges Sinnbild für Transformieren. Darum ist die Transformatorenstation nicht nur Zweckbau, sondern auch Kunstwerk. Mit diesem Turm wurde das Wesentliche im Denkmalhaften dargestellt.

Transformer Station 1921

The straight-lined forms of the transformer house with projecting cantilevers orient in all directions towards the equipment required by Elektra-Birseck. A bend above the door lintel looks as though it had been struck from above. The tower-like building serves electrical switching processes and shows the non-visible, the abstract nature of electricity. The artistic expression of the essence implies transformation, a valid symbol for transforming. Therefore, the transformer station is not only a utility building but also a work of art. With this tower, the essential was expressed in the monumental.

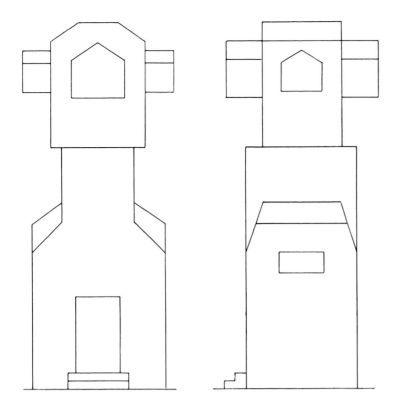

Fassaden nach den Zeichnungen von Helmuth Lauer, 1921

Façades according to the drawings of Helmuth Lauer, 1921

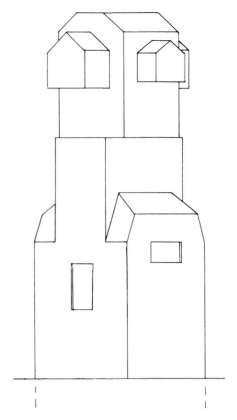

Isometrische Ansicht

Isometric view

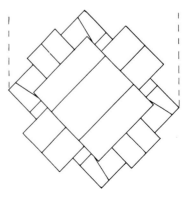

Dachaufsicht

Roof

Goetheanumstrasse

Haus de Jaager 1921/22

Die von innen nach außen entwickelte organische Gestalt ist an den noch erhaltenen Gipsmodellen gut nachvollziehbar. Der Prozeß der künstlerischen Gestaltung entstand bei Rudolf Steiner aus dem Miterleben der geistigen Situationen und ging ohne Umweg über das Denken zum Hand-Werk. Seine besondere dynamische Entwicklungsgestalt konzentriert sich hier vor allem im Treppenhaus: Treppenführung, Flächengestalt, Treppenbrüstung, Wände und Übergänge zur Decke wie auch der spezielle Handlauf in Holz, im Profil der menschlichen Hand nachempfunden, sind Zeugen eines Bewußtseins, das dem Organischen alles abverlangt und zugleich zurückgibt. Bis zu den Gestaltungsprinzipien der Außenform des Hauses ist alles vereint, vom Dominieren des Plastischen und Bildhaften bis zu der subtilen Farbgestaltung. Der Stimmungsgehalt des Wohnhauses mit dem Skulpturenatelier von Jacques de Jaager liegt in der geschlossenen zweistöckigen Hauptfassade. Die zurückgesetzte, fensterlose Front in einfacher Grundform mit den beiden seitlichen vertikalen Vorsprüngen wirkt feierlich erhaben. Mit diesem Haus hat Rudolf Steiner seine neue Baukunst auf die reine Gestalt reduziert. Das Organische im fensterlosen Mauerwerk konzentriert sich in der Gesamtfront zu einer künstlerischen und zugleich natürlichen Wirklichkeit, und in seiner Reduktion auf das Elementare bewegt es unsere inneren Sinne.

De Jaager House 1921/22

The organic gestalt developed from the outside to the inside can be understood very well in the preserved plaster models. The process of artistic design evolved for Rudolf Steiner from the experience of the spiritual situations and went from thinking to manual work without detour. His special dynamic developmental gestalt is mainly focussed in the staircase: the movement of the stairs, the surface design, the staircase parapet, walls and transitions to the ceiling and the special wooden railing designed after the human hand in its profile, are witnesses of an awareness that demands everything from the organic and at the same time returns it. Everything unites up to the design principles of the outer form of the house, from the dominance of the sculptural and graphic to the subtle color design. The atmospheric content of the apartment house with the sculptor's studio of Jacques de Jaager lies in the closed two-story main façade. The set-back windowless front in its simple basic form with the two lateral projections looks solemnly sublime. With this house, Rudolf Steiner reduced his new architecture to the pure gestalt. The organic in the windowless masonry work concentrates in the entire front into an artistic and at the same time natural reality, and in its reduction to the elementary, it moves our inner senses.

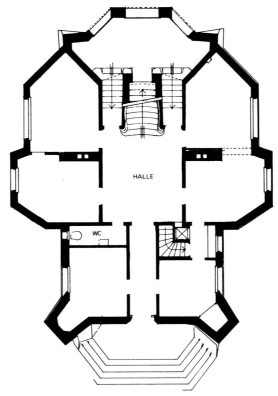

Erdgeschoß

Ground floor

Vorderansicht (NNO)

Front view (NNE)

Eurythmeum 1923

Auf dem nach Westen hin abschüssigen Goetheanum-Gelände, das durch eine künstliche Aufschüttung zum Hang hin verlängert wurde, steht das Eurythmeum, angebaut an ein schon vor Baubeginn des Goetheanums bestehendes Wohnhaus (Haus Brodbeck). Markant, geradezu von innerer, einsamer Größe ist der Pfeilervorbau, der spätere Bauformen des zweiten Goetheanums schon andeutet. Erstmals versuchte Rudolf Steiner bei der Außengestaltung Pfeilerelemte einzusetzen, deren Gestalt in den Kräftestrom des Ganzen miteinbezogen ist. Man erlebt deutlich das Höherstreben der Fassade und zugleich das Sich-Niedersenken des Daches. Hierzu Steiner: «So wirkt im Grunde genommen in dieser ganzen Architektur nichts für sich allein. Nichts ist so angeordnet, daß es für sich allein ist. Das eine strebt zum anderen, und jedes strebt dem anderen entgegen. Oder, wenn es dreigliedrig ist, so schließt die Mitte die beiden Formen zusammen. Das sind, etwas radikal gezeichnet, die Fenster- und Türformen» (zitiert nach Clerc, S. 43). Kurz vor dem Baubeginn des neuen Goetheanums war dieser Zweckbau ein Experimentierplatz im Umgang mit der Formgebung durch Sichtbeton.

Eurhythmeum in Dornach 1923

The Eurhythmeum is located on the Goetheanum grounds that slope down towards the west and was extended by an artificial landfill towards the hill. It is an addition to an apartment house (Brodbeck House) that already existed before the construction of the Goetheanum. The pillared front section is striking and almost of an inner solitary greatness that already hints at the later forms of the second Goetheanum building. For the first time, Rudolf Steiner tried to use pillar elements in the exterior design, integrating their shape into the stream of forces of the whole. The upward thrusting of the façade and the descent of the roof can be clearly experienced. Steiner remarks: "Basically, in this whole architecture, nothing has an effect on its own. Nothing is arranged in a way that causes it to stand alone. One strives towards the other, and everything strives towards everything else. Or, if it is threefold, the center unites the two forms. These are, drawn in a somewhat radical way, the window and door shapes." (quoted after Clerc, p. 43) Shortly before the beginning of the construction work on the new Goetheanum, this functional building was a testing ground for the handling of the design through fair-faced concrete.

Vorderansicht (WNW)

Front view (WNW)

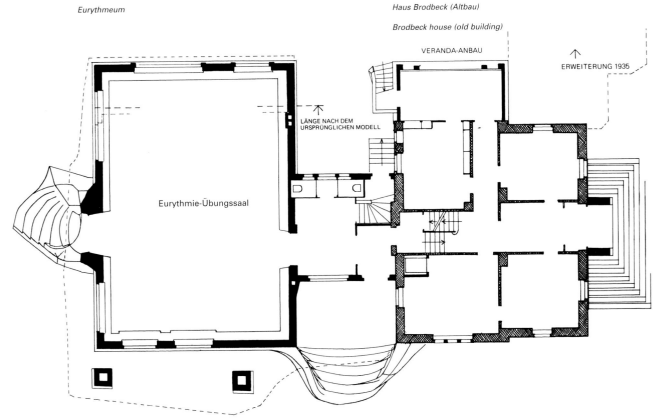

Eurythmeum

Haus Brodbeck (Altbau)

Brodbeck house (old building)

VERANDA-ANBAU

ERWEITERUNG 1935

LÄNGE NACH DEM
URSPRÜNGLICHEN MODELL

Eurythmie-Übungssaal

Erdgeschoß, Grundriß

Ground floor

Verlagshaus 1923/24

Zu den wichtigen Vorstufen der Bauten Steiners gehören neben den Plastilin- und Wachsmodellen auch die maßstäblichen Projektskizzen. In seinen Zeichnungen für das Verlags- und Magazinhaus kann man schon ganz deutlich das Bergende erleben. Der Grundriß, ein längliches Achteck. Darüber schwebt die Silhouette des rein konvex angeordneten Walmdaches. Das Verlagshaus befindet sich im Gelände gegenüber dem Heizhaus und auf gleicher Höhe mit dem Glashaus. Es bildet mit diesen ein Dreieck – alles Bauten mit Symmetrieachsen. Das Verlagshaus wurde als Holzfachwerkbau konzipiert. Die Räume zwischen den Holzständern und -riegeln sind gemauert und die Außenwände mit Schlackenplatten verkleidet. Die bläuliche Färbung steht im komplementären Kontrast zum holzfarbenen Glashaus. Das Dach ist, wie die Kuppeln des Glashauses, mit norwegischem Schiefer gedeckt. Im Gebäudeinneren befindet sich ein einziger großer Raum, der sich bis zur Dachinnenfläche erstreckt. Die Tagesbelichtung erfolgt über die drei Fenster an der Vorderfassade und ein großes Oberlichtfenster in der nordöstlichen Dachfläche. Ursprünglich war dort der Verlag mit seinem Buchlager untergebracht. Heute dient es als Magazin für Originale sowie Kopien des plastischen Werkes von Rudolf Steiner.

82

Publishing House 1923/24

Among the most important preliminary steps of the Steiner buildings are, aside from the plastiline and wax models, the scaled project sketches. In his drawings for the publishing and magazine house, the sheltering aspect can already be clearly experienced. The ground plan is a longitudinal octagon. Above it floats the silhouette of the purely convex hipped roof. The publishing house is situated on the grounds opposite from the boiler house and at the same height as the glass house. All of them, buildings with symmetrical axes, together form a triangle. The publishing house was conceived as a timber frame building. The rooms between the timber posts and rails are made of masonry work and the outer walls are covered with cinder slabs. The bluish color is a complementary contrast to the timber colored glass house. The roof, like the cupolas of the glass house, is covered with Norwegian slate. Inside the building there is a single large room that reaches up to the inner side of the roof. The daylight comes in through the three windows on the front façade and one big skylight in the northeast side of the roof. Originally, the publishing house with its book warehouse was housed in this building. Today, it serves as a magazine for originals and copies of the sculptural oeuvre of Rudolf Steiner.

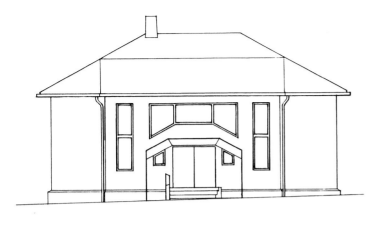

Vorderansicht (SW)

Front view (SW)

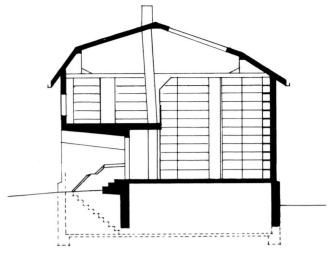

Schnitt

Section

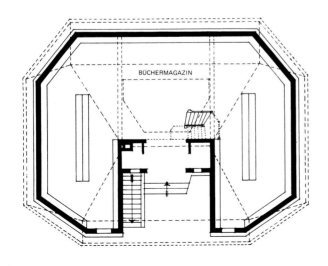

BÜCHERMAGAZIN

Grundriß

Ground floor

Haus Wegman in Arlesheim 1924

Das einfache, ursprünglich nicht unterkellerte Haus basiert auf einer Holzfachwerkkonstruktion. Außen wie innen ist es mit vertikal verlaufenden Brettern verschalt. Das Dach ist mit Eternitschiefer gedeckt. Der rein hölzerne Zweckbau, fast einer Baracke ähnlich, wurde in der Goetheanum-Schreinerei in Elementen vorfabriziert und dann im Garten der Ita-Wegman-Klinik in Arlesheim zusammengebaut. Später sollte das demontable Haus auf das Goetheanum-Gelände versetzt werden, was jedoch nicht geschah. Eine erste Skizze Steiners zeigt ein sehr bescheidenes rechteckiges Haus. Auf Wunsch der Bauherrin wurde zusätzlich eine geschlossene Veranda integriert. Es bleibt bemerkenswert, daß schon in den frühen zwanziger Jahren eine Vorfabrikation im organischen Baustil stattfand, wo das Seelisch-Geistige mit dem Physisch-Notwendigen in die Architektur integriert wurde.

Wegman House in Arlesheim 1924

The simple house that originally didn't have a basement is based on a timber framework construction. Both the interior and exterior are covered with vertically arranged boards. The roof is covered with fiber cement slate. The all-wood building, looking almost shack-like, was prefabricated in elements in the Goetheanum woodworking shop and later assembled in the garden of the Ita Wegman Clinic in Arlesheim. Later, the house, which can be dismantled, was to be moved to the Goetheanum grounds, but it never happened. A first sketch from Steiner shows a very modest rectangular building. At the request of the client, a closed-in porch was also integrated into the design. It still is remarkable that during the early twenties a prefabrication in the organic building style, where the mental-spiritual was integrated into the architecture with the essential-physical, took place.

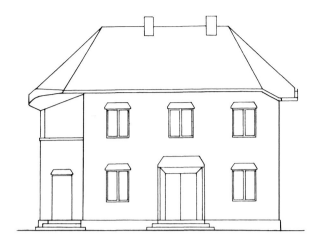

Eingangsfassade (SSO)

Entrance façade (SSE)

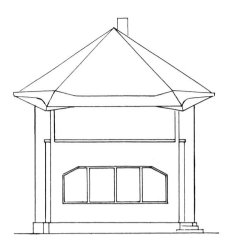

Verandafassade (WSW)

Veranda façade (WSW)

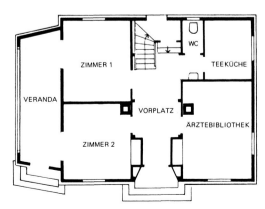

Erdgeschoß

Ground floor

Skizze Rudolf Steiners (ohne Terrassenanbau)

Scetch of Rudolf Steiner (without terrace addition)

Haus Schuurman 1924/25

Die einzigartige organische Architektur der meisten Wohnhäuser am Goetheanum-Hügel hatte Rudolf Steiner am Modell mit der ihm eigenen Ausdruckskraft und Wertigkeit gestaltet. Aus der Nähe betrachtet, dominiert die organische Linienführung. In der Ferne werden die Gebäude zu einer geschlossenen gestalterischen Einheit. Es ist erstaunlich, wie eine frühe Sachlichkeit in kubischer Kargheit am bewegten Gebäude ablesbar ist. Mit sparsam eingesetzten gestalterischen Mitteln wurde die organisch-konkrete Funktion des Zweckbaus betont. Das Haus Schuurman mit seinen einfachen rechteckigen Fenstern und einem sehr zurückhaltend gegliederten Dach entstand etwa zur gleichen Zeit wie das Holzhaus bei der Klinik und das Verlagshaus. Das Einmalige an diesem Bauwerk ist die Zusammenführung der Organik in der Dachgestalt als das positiv Körperhafte mit der Geometrie der Eingangsnische als das negativ Raumhafte. Das Dach ist mit norwegischem Schiefer gedeckt. Der zweistöckige Bau selbst ist in Holzfachwerk ausgeführt, mit Bimssteinen ausgemauert und nach außen mit Rabitz überspannt und verputzt.

94

Schuurman House 1924/25

The unique organic architecture of the apartment houses on the Goetheanum hill was designed by Rudolf Steiner on the model through his personal expressive power and valency. Seen close-up, the organic lines dominate. From a distance, the buildings become a closed designed unity. It is amazing how an early functionalism in a cuboid scarcity can be read in the moving building. The organic-concrete function of the building was emphasized with an economy of means. Schuurman House, with its simple, rectangular windows and a very discreetly structured roof, was created at approximately the same time as the wooden house near the clinic and the publishing house. The unique characteristic of this building is the combination of the organic in the roof shape, as the positively physical, with the geometry of the entrance niche as the negatively spatial. The roof is covered with Norwegian slate. The two-story building itself was realized as a timber framework building, filled with pumice stone, covered with Rabitz lining and plastered.

Vorderansicht (WNW)

Front view (WNW)

Seitenansicht (SSW)

Side view (SSW)

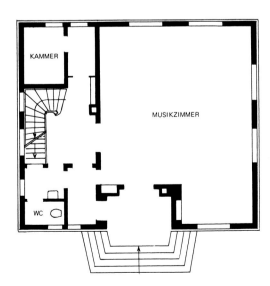

KAMMER

MUSIKZIMMER

WC

Erdgeschoß

Ground floor

Skizze von Rudolf Steiner

Scetch of Rudolf Steiner

Das Goetheanum II 1925–1928

Schon kurz nach dem Brand des ersten Goetheanums (erbaut 1913–1919) in der Silvesternacht 1922/23 begann Steiner mittels Plastilinmodellen das zweite Theater- und Kongreßgebäude zu konzipieren, für das er nun anstelle von Holz unverputzten Stahlbeton vorsah. Der Sichtbeton war zwischen 1910 und 1920 weltweit gleichsam zum Markenzeichen der neuen Architektur geworden. Der Bauplatz in Dornach war ein Geschenk von privater Seite; da es damals, 1913, in Dornach praktisch keine Bauvorschriften gab, konnte dem Zweck des ersten und später zweiten Goetheanums mit einer lebendigen Formgestalt entsprochen werden. Die Gesamtform, in eine bewegte Plastizität gebracht, umschließt ein großes Auditorium für Vorträge, Theateraufführungen und Konzerte mit 1000 Plätzen. Die Formgestalt korrespondiert deutlich mit der markanten Juralandschaft und ihren langgezogenen Plateaus sowie steil abfallenden Geländeformationen. Die Erhebung des Goetheanum-Hügels entstand in einem Bergsturzgebiet am westlichen Abhang eines Kalkfelsenbandes. Rudolf Steiner war ein umfassender Welt-Erdenker. Neben seinen Denkanstößen für Reformen des Schulwesens, der Medizin, Pharmazie, Heilpädagogik, Landwirtschaft und vieler weiterer Bereiche gehört die Bauidee zum zweiten Goetheanum wesentlich zu seiner innovativen Tätigkeit. Er verstand es, die Bauaufgabe aus dem Geometrisch-Mathematischen in das Organisch-Lebendige zu überführen.

Goetheanum II 1925–1928

Shortly after the fire destroyed the first Goetheanum (realized 1913–1919) in 1922, Steiner began conceiving the second theater and conference building with plastilin models, for which he now intended unplastered steel-reinforced concrete instead of wood. Between 1910 and 1920, fair-faced concrete had become a trademark of the new architecture throughout the world. The building site in Dornach was a private donation; since there were practically no building regulations in Dornach in 1913, the purpose of the first and, later on, second Goetheanum could be met with a lively formal gestalt. The entire form, brought into a moving plasticity, encloses a large 1,000 seat auditorium for lectures, theater performances and concerts. The formal gestalt clearly corresponds with the striking landscape of the Jura Mountains and its long horizontal plateaus and steeply descending terrain formations. The elevation of the Goetheanum hill developed in a landslide area at the southern precipice of a limestone formation. Rudolf Steiner was an extensive world inventor. Aside from his ideas for reforms of the school system, medicine, pharmacy, therapeutic pedagogy, agriculture and many other fields, the design idea for the second Goetheanum is an essential part of his innovative work. He understood the need to transport the building task from the dynamic-mathematical into the organic-living.

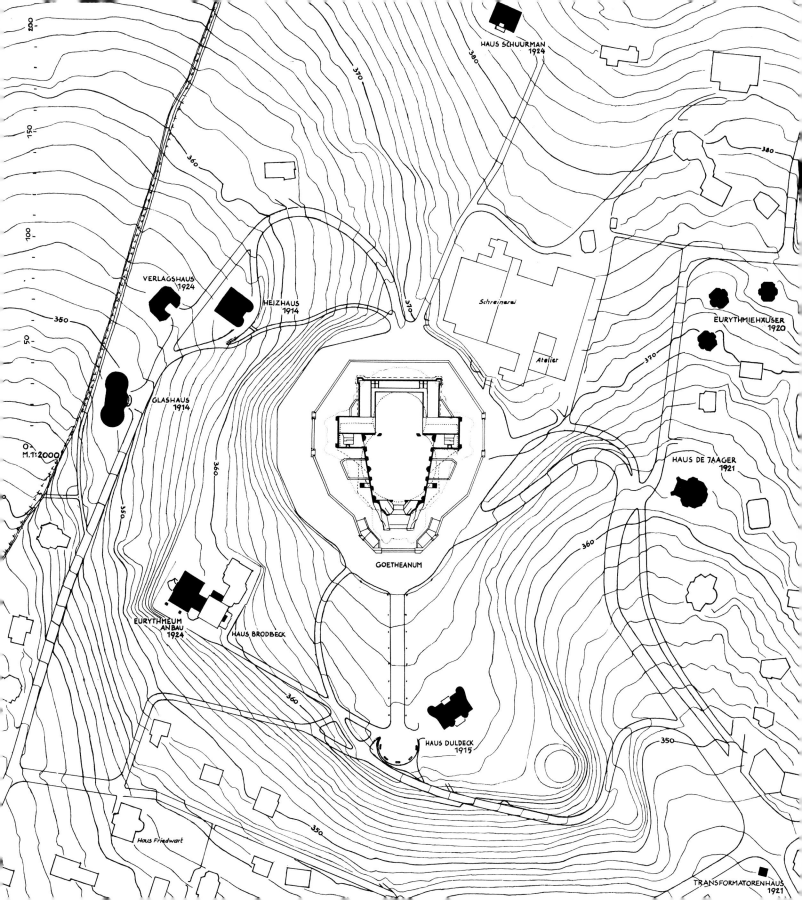

HAUS SCHUURMAN
1924

EURYTHMIEHÄUSER
1920

VERLAGSHAUS
1924

HEIZHAUS
1914

Schreinerei

Atelier

HAUS DE JAAGER
1921

GLASHAUS
1914

O
M.1:2000

GOETHEANUM

EURYTHMEUM
ANBAU
1924

HAUS BRODBECK

HAUS DULDECK
1915

Haus Friedwart

TRANSFORMATORENHAUS
1921

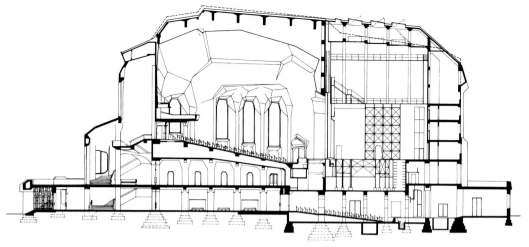

Das zweite Goetheanum, Längsschnitt

The second Goetheanum, longitudinal section

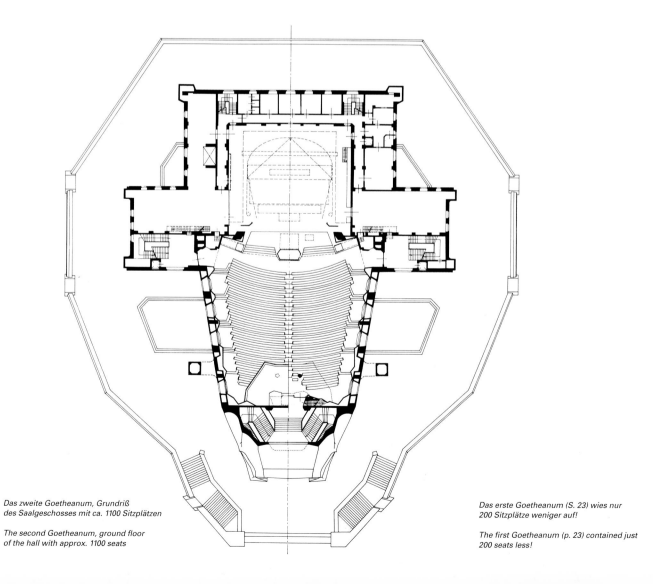

Das zweite Goetheanum, Grundriß
des Saalgeschosses mit ca. 1100 Sitzplätzen

The second Goetheanum, ground floor
of the hall with approx. 1100 seats

Das erste Goetheanum (S. 23) wies nur
200 Sitzplätze weniger auf!

The first Goetheanum (p. 23) contained just
200 seats less!

Nachtakt
«Open Region»

Auftakt und Nachtakt führen auf den Bau-Impuls von Rudolf Steiner zu. Der Vorspann behandelt die «Open–Region», also die vom Orte ausgehende inspirierende Architektur. Entscheidend freilich ist das Prinzip der Metamorphose, das innere Formschaffen der Natur, das Steiner in den vielfältigsten Möglichkeiten der Entwicklungsvorgänge in seinem künstlerischen und architektonischen Werk sinnlich erfahrbar werden ließ. Dennoch hat jedes Objekt auch sein eigenes Gesicht: von der Holzschindelphantasie über expressive Dachskulpturen bis hin zur natürlich-kreatürlichen Landschaftsgestalt.

Im Nachtakt werden nun einige Beispiele aus der Weltarchitektur vorgeführt, die auf der organischen Gestalt – in der Tradition der Moderne nach Rudolf Steiner – aufbauen. Das Organische entspricht elementaren menschlichen Lebensbedingungen wie Geborgenheit und Schutz, Vertrautheit und Offenheit. Der Impuls von Dornach greift das innere Formschaffen der Natur auf und transformiert es in ein kulturelles Geschehen – und proklamiert und konstituiert damit eine neue Moderne. Es ist nie zu spät, wie die Beispiele zeigen, aus Bestehendem und Bewährtem seine eigene Vis vitalis zu schöpfen.

Organische Architektur in der Tradition der Moderne

Die Grundlage des visuellen Verstehens einer organischen Gestalt ergibt sich anhand der Prüfung von deren Materialeigenschaften, von deren spezifischer Gestalt und der technischen Leistung des Erbauers. Rudolf Steiner hat

Epilogue
Open Region

The two separatas of the prelude and epilogue lead towards the architectural impulse of Rudolf Steiner. The introduction deals with the open region, i.e., the inspiring architecture emanating from the location. Of course, the principle of metamorphosis, the inner formal creation of nature, which Steiner made sensually tangible in the most varied possibilities of the development processes in his artistic and architectural oeuvre, is decisive. However, each object from the wood shingle fantasy to expressive roof sculptures to the natural creation of the landscape gestalt, has its own face.

A few examples from world architecture that are based on the organic design – in the tradition of modernism after Rudolf Steiner – are now presented in the epilogue. The organic complies with elementary human living conditions like safety and protection, familiarity and openness. The impulse from Dornach takes up the inner formal creation of nature and transforms it into a cultural event – and thus proclaims and constitutes a new modernism. It is never too late, as the examples prove, to create one's own vis vitalis from the existing and well-proven.

Organic Architecture in the Tradition of Modernism

The basis of the visual understanding of an organic gestalt results from the examination of its material qualities, its specific gestalt and the technical achievement of the builder. Rudolf Steiner has done preliminary decision-making

mit seinen Bauwerken auf dem Goetheanum-Hügel für die Realisierung eines organisch-visuellen Ausdrucks eine vorentscheidende Arbeit geleistet. Denn seine suggestive Gestaltungs-Kraft orientiert sich hin zur optischen Stabilität, zur Harmonie. Erinnern wir uns, daß in der griechischen Sprache die Worte «harmos» Verbindung, Fuge und «harmozein» zusammenbinden meinten. Die harmonische Gestalt ist ein fließendes Ineinander-übergehen: von der Vielfalt zur Ähnlichkeit, von der Komplexität zur gerichteten Ordnung.

Große Architekten haben im gerade zurückliegenden Jahrhundert an diesem organisch-visuellen Verständnis gearbeitet. Rudolf Steiner war einer von ihnen, ein anderer Frank Lloyd Wright, der ein Jahrzehnt nach dem Goetheanum seine Organik im Innen-Raum-Kontinuum in Taliesin (Arizona) applizierte. Eero Saarinen entwickelte im romantischen Mauerwerkzylinder der Kapelle am MIT in Cambridge (Massachusetts) eine Gestalt im geometrischen Purismus. Frank Gehry schuf mit dem Vitra Museum in Weil am Rhein und dem Guggenheim Museum in Bilbao eindrucksvolle Zeugnisse seines organischen Schaffens. Ziel dieser kleinen Auswahl ist es, Anregungen zu einer Neubesinnung auf die geistigen Grundlagen zu geben, wie sie durch das Steinersche Bauen wirkungsmächtig geworden sind.

Die visuelle Festlegung der organischen Architektur ist mit den natürlichen Vorgängen, mit Entstehen – Wachsen – Vergehen verbunden. Die Auseinandersetzung mit der Gestalt kann sich nicht beschränken auf längst Bekanntes oder Festgelegtes, sondern ist grundsätzlich zunächst ein Dialog mit der Natur. Jedes Bauwerk für sich ist etwas Besonderes, Einzigartiges, ist etwas, das auf den Ort bezogen und in die Landschaft integrierbar ist. Organhaftes Bauen, wie wir es von Rudolf Steiner kennen und später in anderer Gestalt unter anderem bei den eben genannten Baumeistern wiederfinden, entwickelte sich auf der Grundlage des Wissens vom Wesen gestaltbildender Kräfte. Es realisierte sich mit Hilfe einer unorthodoxen Verwendung natürlicher Materialien sowie unter Berücksichtigung regionaler und topographischer Vorgaben. Die erste Epoche der Moderne hat dies als Charakteristikum in die zweite Epoche hineingetragen. Beide Epochen bleiben Inspirationsquellen – auch für uns.

work for the realization of an organic-visual expression with his buildings on the Goetheanum hill because his suggestive creative power is oriented towards visual stability, towards harmony. Let us remember that in Greek the word harmos means joint, seam, and harmozein means tying together. The harmonic gestalt is a flowing transition: from versatility to similarity, from complexity to arranged order.

Great architects have been working on this organic-visual understanding in the past century. Rudolf Steiner was one of them, another was Frank Lloyd Wright who, one decade after the Goetheanum, applied his "organics" in the interior space continuum in Taliesin (Arizona). Eero Saarinen developed a gestalt in geometric purism in the romantic masonry cylinder of the chapel at MIT in Cambridge (Massachusetts). With Vitra Museum in Weil am Rhein and Guggenheim Museum in Bilbao, Frank Gehry created impressive witnesses of his organic oeuvre. The goal of this small selection is to offer encouragement for a redefinition of the spiritual foundations as they have become effective through Steiner's architecture.

The visual determination of organic architecture is connected with the natural processes – with becoming, growing, and passing away. The confrontation with the gestalt can not be restricted to things that have been long known or determined but is fundamentally at first a dialog with nature. Every building is something special, unique, is something that relates with the location and can be integrated into the landscape. Organic architecture, as we know it from Rudolf Steiner and later find it in a different form with the above-mentioned architects among others, was developed based on the knowledge of the essence of form-shaping forces. It was realized with the assistance of an unorthodox use of natural materials and under consideration of regional and topographical stipulations. The first epoch of modernism has carried this into the second epoch as essence of matter. Both epochs remain sources of inspiration – for us, as well.

Bauen aus der Naturkraft

Architektur ist auch eine moralische Angelegenheit. Sie soll das Niveau der jeweiligen Generation steigern. Sie ist Ethik, die der Kultur dient. Sie vermittelt die Ausgewogenheit zwischen Sensibilität und Sinnlichkeit; das macht sie zur Kunst. Aber dabei gilt: zuerst machen, dann darüber sprechen; zuerst sehen, dann darüber schreiben.

Wichtig ist, eigene Emotionen in das Bauwerk einfließen zu lassen und sich damit für eine geistige Welt zu öffnen. Und wesentlich ist auch der Blick für das Detail. Sie sind es, die eine geistige Welt persönlicher Ausdrucksformen schaffen, frei von allem Vorherrschenden. Ästhetik und Naturkräfte, zwei nicht zu trennende Begriffe, sind durchzogen von dem Gedanken einer innerlichen Natürlichkeit, einem Kanon ähnlich, der vorgibt, wie eine Gestalt bildlich zusammenzusetzen ist. Dabei entdecken wir ein Gespür dafür, was der Idee einer dichterisch und optisch überzeugenden Gestalt ihren Charakter verleiht. Architektonische Deutungen und Werke, die im Einklang mit der Örtlichkeit entstehen, bilden immer auch Grundlagen einer kulturellen Verantwortung. Um dieser gerecht zu werden, braucht es heute eine Architektur des Schönen und Erhabenen als Ausdruck des gültigen Ursprunges von Maß und Ordnung.

Der Goetheforscher Rudolf Steiner entwickelte ungezwungen, zwischen strengem Beweis und persönlicher Wertvorstellung vermittelnd, Lösungen des Wohlbefindens. Die geistigen Bedürfnisse des Menschen machte er zum Programm. Sein konkretes Schaffen in Architektur und Landschaftsplanung bekommt somit eine utopische Dimension. Ein beredtes Beispiel von Gebautem, an dem man sich verändern und fortbilden kann.

Building from the Forces of Nature

Architecture is also a moral issue. It should enhance the level of the generation concerned. It is ethics that serves culture. It communicates the balance between sensitivity and sensuality. This it what makes it an art. But in the process, the rule is: do it first, then talk about it; see it first, then write about it.

It is important to allow personal emotions to enter into the building and thus open up to a spiritual world. The attention to detail is also essential. They are what create a spiritual world of personal forms of expression, free of everything predominant. Aesthetics and natural forces, two inseparable terms, are – similar to a dictum that stipulates how a gestalt has to be pictorially constructed – permeated by the idea of an inner naturalness. In that, we discover a sense for what provides the idea of a poetically and visually convincing gestalt with its character. Architectural interpretations and works that are created in unison with the location always form foundations of a cultural responsibility, as well. In order to do justice to the latter, today an architecture of the beautiful and sublime is required as an expression of the valid origin of measure and order.

The Goethe researcher Rudolf Steiner developed solutions of well-being in a casual way and by mediating between strict evidence and personal values. He made the spiritual needs of people his agenda. His concise oeuvre in architecture and landscaping thus is given a utopian dimension; an eloquent example of the constructed through which one can change and continue one's education.

Frank Lloyd Wright, Wohnraum Taliesin West in Scottdale (Arizona), 1937

Frank Lloyd Wright, living room Taliesin West in Scottsdale (Arizona), 1937

*Eero Saarinen, Mauerwerkzylinder der Kapelle am MIT in Cambridge
(Massachusetts), 1955–60*

*Eero Saarinen, masonry cylinder of the chapel at MIT Cambridge
(Massachusetts), 1955–60*

Frank Gehry, Vitra Design Museum in Weil am Rhein, 1987–89

Frank Gehry, Vitra Design Museum in Weil am Rhein, 1987–89

Walter Kugler
Der Philosoph und das Türschloß

«Die Tür zu öffnen ist eben eine Frage der moralischen Einstellung» – soll Steiner geantwortet haben, nachdem ihm zahlreiche Beschwerden zu Ohren gekommen waren, zumeist von Mitarbeitern, die sich bei dem Versuch, die aus Birnbaumholz gestaltete Tür zum sogenannten Glashaus zu öffnen, die Finger am Türschloß eingeklemmt hatten. Diese Erklärung hat sich natürlich sehr schnell herumgesprochen – und seitdem, so soll es verbürgt sein, seitdem sind keine Beschwerden mehr eingegangen.

Für so manchen Dornacher oder von weither Angereisten war solchermaßen die erste Direktberührung mit dem organischen Baustil bisweilen eine schmerzhafte. Das paßt durchaus in all das, was Rudolf Steiner (1861–1925) letztlich auch ausmacht: Er war seinen Zeitgenossen nicht selten unbequem und ist es auch heute noch. Angefangen hatte alles mit einigen philosophischen Publikationen, in denen er weder Kant noch Schopenhauer, weder Fichte noch Nietzsche und schon gar nicht deren Anhängerschaft schonte. «So haben wir eine Wissenschaft, nach der niemand sucht, und ein wissenschaftliches Bedürfnis, das von niemandem befriedigt wird»[1], bilanzierte der 25jährige im Jahre 1886 sein Unbehagen – und machte sich auf den Weg.

An Goethes Metamorphose-Idee erwacht, geschult an Fichtes (Wissenschafts-) Lehre vom Ich und Nicht-Ich und an Nietzsches Versuch der Versöhnung des Lebens mit sich selbst, aber auch an Haeckels monistischer Artenlehre und darüber hinaus mit einer nach allen Richtungen hin oszillierenden Intuitionsgabe ausgestattet, greift Steiner um die

[1] Rudolf Steiner, «Grundlinien einer Erkenntnistheorie der Goetheschen Weltanschauung», Dornach, 7. Aufl. 1979

116

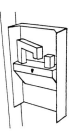 

Walter Kugler
The Philosopher and the Door Lock

"Opening the door is, after all, a question of moral attitude." This is what Rudolf Steiner is supposed to have given as an answer after hearing several complaints, mainly from employees who had gotten their fingers caught in the door lock during attempts to open the pearwood door to the so-called Glass House. Of course, this answer quickly made the rounds, and from that point forward there were no more complaints.

For some inhabitants of Dornach, or visitors from afar, the first direct contact with the organic architecture was at times a painful one. This absolutely coincides with everything that in the end constitutes Rudolf Steiner (1861–1925): he often made his contemporaries uncomfortable and this is still true today. Everything began with a few philosophical publications in which he spared neither Kant nor Schopenhauser nor Fichte nor Nietzsche and he especially did not spare their followers. "We thus have a science that nobody is looking for and a scientific need that is filled by no one,"[1] said the 25 year-old, summarizing his discomfort in 1886 – and he set out on his path.

Awakened by Goethe's idea of metamorphosis, trained by Fichte's (scientific) theory of the I and Non-I and Nietzsche's attempt to reconcile life with self, as well by Haeckel's monistic theory of species and, additionally, equipped with an intuition that oscillated in all directions, Steiner intervened in the attempts of individuals to articulate their ideas during the still innocent 20th century around the turn of the century. In his attempt, he was as committed to progressing along the path of the prevailing zeitgeist as he was to act against it.

[1] Rudolf Steiner, "A theory of Knowledge based on Goethe's World Conception," New York 1968, page 3

Jahrhundertwende in die Artikulationsversuche des gleichsam noch unschuldigen 20. Jahrhunderts ein – dabei ebenso engagiert auf den Spuren des Zeitgeistes sich bewegend wie auch gegen ihn agierend. Seine Vorträge wurden zum Kulturereignis: in Berlin, München, Helsinki und Prag. Kafka und Max Brod haben ihn gehört, Kandinsky, Tucholsky und Rosa Luxemburg, und dann noch all die vielen, von den Chronisten unerwähnt Gebliebenen, aber nichtsdestoweniger den Zeitverlauf Prägenden: Ärzte und Pfarrer, Arbeiter und Studenten, Lehrer und Landwirte.

Steiners Engagement galt vor allem einer neuen Wegbeschreibung, die hinführen soll zu einer konkreten, wirklichkeitsnahen Anschauung der Dinge und Nicht-Dinge und deren Verhältnis zueinander. Unter dem Stichwort Anthroposophie entwickelte er eine Grenzen überschreitende Strategie, die das Oben und Unten, das Kosmische und Irdische, das Heilige und das Profane wieder miteinander in Beziehung setzt. «Der Labortisch muß zum Altar werden»[2], rief er immer wieder seinen Zuhörern zu und appellierte damit auch an das ethische Gewissen seiner und der kommenden Generationen. In die gleiche Richtung zielte mehr als ein halbes Jahrhundert später Joseph Beuys mit seinem vielzitierten Ausspruch: «Die Mysterien finden im Hauptbahnhof statt.»[3]

Das charakteristische Merkmal der Anthroposophie ist ihre Durchlässigkeit, ihre Vermittlungskraft: von der Philosophie hin zur Naturwissenschaft, vom Menschen zum Kosmos, von der Kunst zum Leben. Aber auch die Soziale Frage, die Politik und Wirtschaft bleiben in Steiners Gedankengebäude nicht ausgespart. In bezug auf die Kunst hat er einmal die Mittlerfunktion der Anthroposophie so zum Ausdruck gebracht: «Ich glaube, das wird gerade das Bedeutsame in der weiteren Entwicklung der Geisteswissenschaft sein, daß sie, indem sie die Kunst begreifen will, selber eine Kunst des Begreifens schaffen will, daß sie das Arbeiten, das Tätigsein in Ideen erfüllen will mit

[2] Rudolf Steiner im Vortrag vom 29. 4. 1918, in «Der Tod als Lebenswandlung»,
  Rudolf Steiner Gesamtausgabe (GA) 182, Dornach, 4. Aufl. 1996
[3] Joseph Beuys im Interview mit Peter Brügge, in: Der Spiegel Nr. 23/1984

His lectures in Berlin, Munich, Helsinki and Prague became cultural events. Kafka and Max Brod heard him speak, and Kandinsky, Tucholsky and Rosa Luxemburg as well as all those who were left unmentioned by the chroniclers but nevertheless influenced their time: doctors and priests, workers and students, teachers and farmers.

Steiner's commitment was especially dedicated to a new description of the path that was to lead towards a concise and realistic view of matter and non-matter and their relationship with one another. He developed a strategy under the headword anthroposophy that went beyond limitations and borders, and that put the up and down, the cosmic and earthly, the sacred and profane back into relation with one another. "The laboratory table has to become an altar,"[2] he repeatedly said to his listeners thus appealing to the ethical conscience of contemporary and future generations. Over half a century later, Joseph Beuys with his much-quoted statement "The mysteries take place in the main station"[3] was aiming in the same direction.

One characteristic of anthroposophy is its permeability, its power of mediation from philosophy to natural sciences, from man to the cosmos, from art to life. However, social questions, politics and economics are not left out of Steiner's construct of ideas. With respect to the arts, he once expressed the mediating function of anthroposophy as follows: "I believe that what will be significant in the future development of spiritual science is that – by attempting to under-

[2] Rudolf Steiner in the lecture from 29 April 1918, in "Der Tod als Lebenswandlung,"
  Rudolf Steiner Gesamtausgabe (GA) 182, Dornach, 4th edition 1996
[3] Joseph Beuys in an interview with Peter Brügge, in: Der Spiegel no. 23/1984

Bildlichkeit, mit Realität, und dadurch dasjenige, was wir heute als so trockene, abstrakte Wissenschaft haben, dem Künstlerischen wird annähern können.»[4]

Im Dezember 1917 vertraute er seinen Zuhörern an: «Ich würde zum Beispiel sehr gern den Inhalt meiner Philosophie der Freiheit zeichnen», sah aber offensichtlich sogleich die Aussichtslosigkeit der Akzeptanz eines solchen Unternehmens, denn im selben Atemzug fügte er noch die Bemerkung hinzu: «Nur würde man es heute nicht lesen können. Man würde es heute nicht empfinden können, weil man heute auf das Wort dressiert ist.»[5] Steiners Äuße- rung, so überraschend sie auf den ersten Blick auch sein mag – war doch das Wort sein wichtigstes Instrumentarium, dokumentiert in mehr als 30 geschriebenen Werken und etwa 4000, von Stenographen akribisch aufgezeichneten Vorträgen –, war keine bloße Provokation. Sie fiel zu einem Zeitpunkt, als in Dornach bei Basel das Goetheanum, ein von ihm selbst entworfener monumentaler Doppelkuppelbau, das «Haus des Wortes», kurz vor seiner Vollendung stand, ein Gebäude, in dem mathematische Präzision und künstlerische Gestaltung Hand in Hand gingen, in dem Wissenschaft und Kunst einander näherrückten und sämtliche möglichen Grenzen überschritten.

Was Rudolf Steiner bis anhin vor allem in Wort und Schrift zur Darstellung gebracht hatte, war hier aus den vorge- zeichneten Bahnen herausgetreten und manifestierte sich in einem künstlerischen Gestaltungswillen, in einem archi- tektonisch-plastisch-malerischen Gestus, in dem die uns vertrauten Kategorien, die uns Gewißheit geben darüber, was Kunst, was Wissenschaft ist oder nicht ist, wie aufgehoben erscheinen.

[4] Rudolf Steiner, Fragenbeantwortung nach dem Vortrag vom 30. 9. 1920,
 in «Das Wesen des Musikalischen», GA 283, Dornach, 5. Aufl. 1989
[5] Rudolf Steiner im Vortrag vom 3.12.1917, in «Graphische Gestaltung und illustrative Kunst»
 (Arbeitstitel, erscheint in der Gesamtausgabe voraussichtlich 2002)

stand the arts, by wanting to create an art of understanding itself – it will fill work and the dynamism of ideas with symbolism, with reality, and through that, the dry and abstract science that we have today will more closely approach the artistic."[4]

In December 1917 he confided in his listeners: "I would, for example, really like to draw the content of my Philosophy of Freedom," but clearly he immediately realized the hopelessness of the acceptance of such an enterprise since he added in the same breath: "But it wouldn't be readable today. It couldn't be felt today, because today we are so trained towards the word."[5] Steiner's statement, as surprising as it may be at first glance since the word was his most impor- tant instrument, documented in over thirty written works and about 4,000 lectures that were meticulously recorded by stenographers, was not mere provocation. It was made at a time when the Goetheanum, a monumental double cupola structure that he himself had designed, the "House of the Word," was nearing completion in Dornach near Basel. It was a building in which mathematical precision and artistic design went hand in hand, where science and the arts approached each other and stepped across all possible borders.

What Rudolf Steiner had to that point expressed mainly in word and script had stepped out of the traced-out paths and manifested itself in an artistic will for design, in an architectural-sculptural-painterly gesture in which the cate- gories with which we are familiar, that give us certainty about what art is and what science is, and also what they are not, seem to be in good hands.

[4] Rudolf Steiner, answering a question after the lecture from 30 September 1920,
 in "Das Wesen des Musikalischen", GA 283, Dornach, 5th edition 1989
[5] Rudolf Steiner in the lecture from 3 December 1917, in "Graphische Gestaltung und illustrative Kunst"
 (working title, scheduled to be published in the GA in 2002)

All das, was zwischen 1913 und 1925 auf dem Dornacher Hügel an Gebäuden entstand, beruht auf einem organischen Baugedanken, bei dem es nicht um die Nachahmung oder das bloße Nachempfinden der in der Natur waltenden Formensprache geht, sondern um das Freisetzen des Blickes in jene Sphäre, aus der die plastisch-gestalterische Formenwelt heruntersteigt: «Der Bau», so Steiner in seinem Vortrag vom 24. Januar 1920, «ist nur gleichsam ein Stück, aus der ganzen Welt herausgeschnitten».[6] Die Wände etwa sind so gestaltet worden, daß sie nicht als Begrenzung empfunden werden, sondern als etwas, was hinausträgt in die Weiten des Universums. Steiner bediente sich im Rahmen der von ihm gestalteten Gebäude einer künstlerischen Formensprache, die unter anderem dahin führen kann, daß «sich Wände vernichten, so daß man drinnen sitzt nicht wie in einem geschlossenen Raum, sondern wie wenn man als Mikrokosmos mit dem Makrokosmos in unmittelbarer Verbindung stände».[7]

Die ersten Zeugnisse von Steiners Formen-Schaffen finden sich jeweils in seinen mehr als 600 Notizbüchern sowie auf unzähligen Notizzetteln, von denen mehr als 7000 erhalten geblieben sind. Auf verschiedensten Blättern unterschiedlichster Größe und Qualität transkribierte Steiner unter Verwendung von Tinten-, Fett- oder Bleistiften Vorgänge aus jener Sphäre, in der «das Weltenwort tönt», in eine zeichnerische Formensprache, in der zunächst «vollständiges Schweigen»[8] angesagt ist. Die Feinheit der Linienführung korrespondiert hier eng mit der Leichtigkeit des Stoffes, nicht, was die Inhaltlichkeit, das intellektuelle Verstehen angeht, sondern das Substantielle. Der Zeichenstift wird dabei zum Vermittler eines von der Materie sich ablösenden und zugleich hinführenden Geschehens. Kreisförmige

[6] Rudolf Steiner, in «Architektur, Plastik und Malerei des Ersten Goetheanum», Dornach 1982
[7] Rudolf Steiner im Vortrag vom 13.7.1919, in «Geisteswissenschaftliche Behandlung sozialer und pädagogischer Fragen», GA 192
[8] Rudolf Steiner im Vortrag vom 5.5.1918, «Die Quellen der künstlerischen Phantasie und die Quellen der übersinnlichen Erkenntnis», in «Kunst und Kunsterkenntnis», mit einem Nachwort von Günther Metken, Dornach 1996

Everything that was created between 1913 and 1925 on the Dornach hill is based on an organic building idea, where it's not about the imitation or pure modeling of the formal language prevailing in nature but about the release of the view into that sphere from whence the formal sculptural-creative world descends: "The building," Steiner said in his lecture from 24 January 1920, "is but a piece, cut out of the world."[6] The walls, for example, are designed in a way such that they are not perceived as limitations but as elements that extend out into the expanses of the universe. Steiner used a formal artistic language within the framework of the buildings he designed that, among other things, can lead to "walls destroying themselves, so that you sit inside not like in a closed-in room but as though you were in direct connection, like a microcosm with the macrocosm."[7]

The first evidence of Steiner's formal creations can be found in more than 600 notebooks and innumerable notes of which over 7,000 have been preserved. On various sheets of differing sizes and quality, Steiner transcribed events from that sphere in which "the world's word resounds" by using ink, crayons or pencils into a drawn formal language where at first "total silence"[8] prevails. The subtlety of the lines here closely corresponds with the lightness of the matter, not with respect to the content or intellectual understanding but with respect to the substantial. The drawing pen becomes the mediator of events that detach from matter and at the same time lead to it. Circular shapes are abruptly interrupted in their certainty by intruding or extruding erupting radial gestures. What has its firm allocation on one

[6] Rudolf Steiner, in "Architektur, Plastik und Malerei des Ersten Goetheanum", Dornach 1982
[7] Rudolf Steiner in the lecture from 13 July 1919, in "Geisteswissenschaftliche Behandlung sozialer und pädagogischer Fragen", GA 192
[8] Rudolf Steiner in the lecture from 5 May 1918, "Die Quellen der künstlerischen Phantasie und die Quellen der übersinnlichen Erkenntnis," in "Kunst und Kunsterkenntnis," with an epilog by Günther Metken, Dornach 1996

Gebilde werden in ihrer Bestimmtheit jäh gestört durch eindringende oder ausbrechende strahlenförmige Gebärden. Was auf dem einen Blatt seine feste Zuordnung erfährt, wird auf dem nächsten in Unruhe versetzt. Gewißheit und Zögern lösen einander ab, mal durch Modifikationen des Hell-Dunkel, mal durch ein Verschieben der Proportionen oder das Zentrieren von aus verschiedenen Richtungen hereinwirkenden peripheren Kräften, deren ursprünglich geometrischer Ort nicht selten außerhalb des Zeichenblattes liegt oder in der Gegenrichtung aufzusuchen ist. Die Grenzen zwischen intuitiver Erkenntnis, zwischen Sehertum und künstlerischer Gestaltung werden hier permanent überschritten und zugleich neu gesetzt.

Ein nächster Schritt war die Umsetzung in eine plastische Form, ein Vorgang, den Werner Blaser als «Hand-Werk» und damit als Grundlage jeglichen Bauens würdigt. Plastisches Gestalten ist für Steiner im Reigen der Künste der eine Pol, der andere ist gegeben mit der beseelten Bewegung. Der Plastiker erschafft aus dem Makrokosmos den Mikrokosmos, der sich im schönen Rhythmus Bewegende, der Mensch, antwortet gleichsam in entgegengesetzter Richtung. Der eurythmisierende Mensch ist die bewegte Plastik, heißt es in Steiners Vortrag vom 9. April 1922, der zugleich eine Antwort darstellt auf Mondrians Bitte an Steiner, seinen Neo-Plastizismus zu kommentieren.

Bei Steiners Arbeiten, ob in Gestalt des Wortes, des Bildes, der Skulptur oder Architektur, gibt es wohl ein Innehalten, aber eigentlich nie einen Stillstand. Die von ihm immer wieder neu und ganz gezielt komponierten Kontrastierungen in Wort und Bild, Denken und Handeln, erzeugen unermüdlich Bewegungen, provozieren ständig neues Leben. Nahezu alles läuft hinaus auf die Vermittlung des Erlebnisses des Gegensatzes. «Verständnis für das Leben haben» heißt, so Steiner in seiner Autobiographie, «voll mit der Seele in Gegensätzen drinnen stehen», denn: «Wo die Gegensätze als ausgeglichen erlebt werden, da herrscht das Leblose, das Tote; das Leben selbst ist die fortdauernde Überwindung, aber zugleich Neuschöpfung von Gegensätzen.»[9]

sheet is put into restlessness on the next. Certainty and hesitation take turns, here through modifications of the light-dark, there through a shifting of the proportions or the centering of peripheral forces that have an effect from various directions whose original geometric locations rarely don't exist beyond the sheet of paper or have to be searched for in the opposite direction. The borders between intuitive insight, clairvoyance and artistic design are constantly being crossed and at the same time redetermined.

A next step was the realization into a sculptural form, a process that Werner Blaser honors as manual work and thus as the basis of any architecture. For Steiner, sculptural design was one pole in the sphere of the arts; the other is provided by inspired movement. The sculptor creates the microcosm from the macrocosm, and the one moving in beautiful rhythm, man, answers as though coming from the opposite direction. In his lecture from 9 April 1922, Steiner said that the eurythmisizing human being is the moving sculpture; the lecture at the same time provided an answer to Mondrian's request to Steiner to comment on neoplasticism.

In Steiner's work – whether as words, pictures, sculpture or architecture – there is a pause, but there is never really a standstill. The contrasts he always recomposed in a new or targeted way in word and image, thinking and actions, created untiring movements, constantly provoking new life. Almost everything aims at the communication of the experience of the contrast. "Having an understanding for life," as Steiner writes in his autobiography, means "being fully in the midst of the contrasts with one's soul," because "if contrasting factors are leveled out, what is left is no longer living. Where there is life the disharmony of contrasting factors is also active. Life itself is but a continous overcoming a re-creation of opposites.[9]

Das erste fertiggestellte Gebäude auf dem Dornacher Hügel war das Glashaus, ein Atelier, in dem unter Leitung des polnischen Künstlers Tadeusz Rychter die farbigen Fenster für den ersten Goetheanumbau geschliffen werden sollten. Die Bauzeit betrug knapp sechs Monate. Eröffnet wurde es am 17. Juni 1914. Obgleich dessen Türschloß aus sehr markanten rechteckigen Formen und massivem Eisen gestaltet ist, ist es Bestandteil des plastisch-organischen Bauens, denn, so Steiner in seinem Vortrag vom 12. Juni 1920: «Es ist alles bis auf die Schlösser hin, bis auf die Türklinke hin so gestaltet, aus dem organischen Baugedanken heraus, daß alles, wie es ist, an seiner Stelle so sein muß.»[10]

Organisches Bauen, so lehrt uns diese Geschichte vom Türschloß, ist nicht die Übertragung der in der Natur auftretenden Formen in einen kulturellen Kontext, ist damit auch nicht eindimensional mit bewegt-fließenden Formen abzuhandeln, sondern organisches Bauen beinhaltet tendenziell die Wahrnehmung der gestaltbildenden Kräfte, im weiteren ein Bewußtsein ihrer Gesetzmäßigkeiten und schließlich den situationsgerechten Umgang mit den jeder Form innewohnenden Gegensätzen.

Um die Türe des Glashauses schmerzfrei zu öffnen, muß man den Punkt erfassen, an dem die Bewegung in die Gegenbewegung umschlägt. In der Praxis heißt dies: Zunächst muß der kantige, metallene Griff nach außen gezogen und im richtigen Moment die Tür – mit dem Griff in der Hand – nach innen gedrückt werden. Wie sagte doch Rudolf Steiner in seinem Vortrag vom 28. Februar 1921: Dies ist «eine nicht-philiströse Türklinke.»[11]

[9] Rudolf Steiner, «Mein Lebensgang», GA 28, Dornach, 9. Aufl. 1999
[10] Rudolf Steiner, in «Der Baugedanke des Goetheanum», GA 289 (in Vorbereitung)
[11] Vorgesehen für den Band «Der Baugedanke des Goetheanum», GA 289 (in Vorbereitung)

The first finished building on the Dornach hill was the Glass House, a studio where under the direction of the Polish artist Tadeusz Rychter the stained glass windows for the first Goetheanum building were to be cut. The construction time was about six months. It was opened on 17 June 1914. Although its door lock is designed from very striking rectangular forms and massive iron, it is a part of the sculptural-organic building because, as Steiner said in his lecture from 12 June 1920, "Everything, right up to the locks and the door handles, has been designed out of the idea of organic building, that everything has to be the way it is in its place."[10] Organic architecture, as this story about the door lock teaches us, is not the transfer of the forms found in nature into a cultural context; therefore, it can not be dealt with one-dimensionally with moving-flowing forms. Rather, organic architecture implies the perception of the gestalt-shaping forces and an awareness of their inherent rules and, finally, the dealing with the bipolarities that are inherent in any form according to the situation.

In order to open the door to the Glass House without any pain one has to understand the point at which movement turns into counter-movement. In practice, this means that at first the edgy metal handle needs to be pulled towards the outside and the door has to be pushed to the inside at the right moment – with the handle in one's hand. As Rudolf Steiner stated in his lecture from 28 February 1921, "This is a non-philistine door handle."

[9] Rudolf Steiner, "Rudolf Steiner, an autobiography", New York 1977, page 278
[10] Rudolf Steiner, in "Der Baugedanke des Goetheanum", GA 289 (in preparation)

Biographische Notiz

1861	Am 27. Februar Geburt in Kraljevec, Österreich
1879–1882	Wien: Studium der Naturwissenschaften an der Technischen Hochschule, dessen Rektor ab 1880 der Architekt Heinrich von Ferstel war. Daneben Besuch von Vorlesungen in Philosophie u.a. bei Franz Brentano
1883–1889	Herausgeber von Goethes Naturwissenschaftlichen Schriften, Hauslehrer und Redakteur
1890–1896	Weimar: Mitarbeit im Goethe-Schiller-Archiv und an der Sophien-Ausgabe. Am Aufbau des Nietzsche-Archivs beteiligt. Mehrere Veröffentlichungen, darunter: «Die Philosophie der Freiheit», «Friedrich Nietzsche, ein Kämpfer gegen seine Zeit», «Goethes Weltanschauung». Promotion zum Dr. phil. in Rostock
1897–1904	Berlin: Redakteur des «Magazin für Literatur», Schriftsteller und Lehrer u.a. an der «Arbeiterbildungsschule» sowie Vortragsredner
1902–1912	Generalsekretär der Deutschen Sektion der Theosophischen Gesellschaft. In dieser Zeit zahlreiche Publikationen, darunter «Das Christentum als mystische Tatsache», «Theosophie», «Die Geheimwissenschaft im Umriß». Begegnungen mit Else Lasker-Schüler, Rosa Luxemburg, Kandinsky, Kafka, Stefan Zweig u.a.; Freundschaft mit Christian Morgenstern.
1907	Künstlerische Ausgestaltung eines Saales in München für die Dauer eines Kongresses der Theosophischen Gesellschaft. In der Gestaltung werden erste Motive von Steiners Baugedanken sichtbar
1910–1913	Uraufführung von Steiners vier Mysteriendramen in München unter seiner Leitung
1911	Entwürfe und Modell für ein Kongreß- und Theatergebäude in München-Schwabing, dem sog. Johannesbau. Die Realisierung scheitert an den zahlreichen Einsprachen
1913	Gründung der Anthroposophischen Gesellschaft. Grundsteinlegung für den von Steiner entworfenen ersten Goetheanum-Bau in Dornach bei Basel. Der Basler Zahnarzt Emil Grossheintz und weitere anthroposophische Freunde hatten Grundstücke unterhalb des Dornacher «Bluthügel» zur Verfügung gestellt. In diesem Zusammenhang zahlreiche künstlerische Arbeiten: Deckenmalereien, Skulpturen, Entwürfe für Motive der farbigen Glasfenster sowie für zahlreiche Details wie Säulen, Architrave, Türklinken, Treppengeländer, Heizkörperverkleidungen usw. Entwicklung der Bewegungskunst «Eurythmie», durch die Sprache und Musik sichtbar gemacht werden sollen
1914–1925	Nach Steiners Entwürfen entstehen in Arlesheim, Dornach und Stuttgart insgesamt 16 Wohn- und Zweckbauten (Glashaus, Heizhaus, Transformatorenhaus, Haus Duldeck u.a.). In diesen Jahren zugleich intensive Vortragstätigkeit in vielen Ländern Europas über: Kosmologie, Philosophie, Religion, Zeitgeschichte, aber auch Landwirtschaft, Nationalökonomie, Pädagogik, Kunst und Medizin.
1919–1923	Steiner engagiert sich in Stuttgart innerhalb der Betriebsräte-Bewegung. Gründung der ersten Freien Waldorfschule für die Kinder der Arbeiter der Waldorf-Astoria-Zigarettenfabrik in Stuttgart, deren Leitung Steiner bis zu seinem Tod innehat. Es erscheint «Die Kernpunkte der Sozialen Frage». In der Silvesternacht 1922/23 wird das Goetheanum durch Feuer vollständig zerstört. Die Ursache: Brandstiftung Skizzen und Modell für den zweiten Goetheanum-Bau, dessen Fertigstellung im Jahre 1928 Rudolf Steiner nicht mehr erleben wird. Leitender Architekt: Ernst Aisenpreis
1925	Am 30. März stirbt Rudolf Steiner in Dornach

Biography

1861	Born 27 February in Kraljevec, Austria
1879–1882	Vienna: studied natural sciences at the technical university, whose dean after 1880 was the architect Heinrich von Ferstel. At the same time, attended lectures on philosophy, with Franz Brentano among others.
1883–1889	Editor of Goethe's Writings on Natural Science, private tutor and editor.
1890–1896	Weimar: collaboration in the Goethe-Schiller archives and the Sophien edition. Participated in the establishment of the Nietzsche archive. Several publications, among them: "The Philosophy of Freedom," "Friedrich Nietzsche: Fighter for Freedom," "Goethes Worldview." Doctorate for Ph. D. in Rostock.
1897–1904	Berlin: editor of "Magazin für Literatur," author and teacher, among others, at "Arbeiterbildungs-schule" and lecturer.
1902–1912	Secretary general of the German section of the Theosophic Society. During this time numerous publications, among them "Christianity as a Mystical Fact," "Theosophy," "Die Geheimwissenschaft im Umriß." Encounters with Else Lasker-Schüler, Rosa Luxemburg, Kandinsky, Kafka, Stefan Zweig and others; friendship with Christian Morgenstern.
1907	Artistic decoration of a hall in Munich for the duration of a conference of the Theosophical Society. First motifs of Steiner's architectural ideas become visible in the design.
1910–1913	Premiere of Steiner's four Mystery Dramas in Munich under his direction.
1911	Designs and models for a conference and theater building in Munich-Schwabing, the so-called Johannesbau. The realization fails due to the numerous objections.
1913	Foundation of the Anthroposophical Society. Laying of the foundation stone for the first Goetheanum building in Dornach near Basel designed by Steiner. The Basel dentist Emil Grossheintz and other Anthroposophical friends had provided properties at the foot of the Dornach "Bluthügel." In this context, numerous artistic works: ceiling frescos, sculptures, designs for motifs of the stained glass windows and for numerous details like columns, architraves, door handles, staircase railings, heater covers, etc. Development of the art of movement, "eurythmy," through which language and music are to be made visible.
1914–1925	According to Steiner's designs, a total of 16 apartments and utilitarian buildings (Glass House, Boiler House, Transformer House, Duldeck House, and others) are realized in Arlesheim, Dornach and Stuttgart. During these years intensive lecturing activities in many countries in Europe about: cosmology, philosophy, religion, contemporary history, as well as agriculture, national economy, pedagogy, art and medicine.
1919–1923	Steiner gets involved in the works council movement in Stuttgart. Foundation of the first Waldorf School (Rudolf Steiner School) for the children of the workers of the Waldorf Astoria cigarette factory in Stuttgart; Steiner is its director until his death. "Die Kernpunkte der Sozialen Frage" is published. At New Year's Eve 1922/23 the Goetheanum is totally destroyed by a fire. The reason: arson. Sketches and models for the second Goetheanum building; Steiner won't live to see its realization in the year 1928. Managing architect: Ernst Aisenpreis.
1925	Rudolf Steiner dies in Dornach on 30 March.

Verdienst eines Meisters

Mit dieser Publikation möchte der Autor – aus heutiger Sicht – auf die Bedeutung des Bauschaffens von Rudolf Steiner aufmerksam machen. Seine Wohn- und Zweckbauten darf man in die Pionierleistungen der zwanziger Jahre des eben vergangenen Jahrhunderts einreihen. Sein Beitrag ging zwar aus dem späten Jugendstil hervor, dennoch könnte man sein Thema der Volute, sein Suchen nach der gültigen Gestalt am Gipsmodell und seine Lösung einer Gesamtarchitektur nach dem Grundprinzip eines geistig verstandenen Funktionalismus würdigen. Neben seiner literarischen Leistung, neben seiner wissenschaftlichen Forschung war seine Vereinfachung einer organischen Gestalt auf das Wesentliche des Menschen hin bahnbrechend. Immerhin haben seine Gebäude bald ein Jahrhundert überdauert und begeistern immer wieder neu und obsessiv durch ihre unauffällige Eleganz. Brauchbare Ideen waren somit Inspirationen im Bauen mit der Natur und dies für mehrere Generationen von Architekten. Sein Erbe hat er uns in beeindruckender baukünstlerischer Qualität und im ausgeprägten Verantwortungsbewußtsein für unsere gebaute Umwelt als Vorbild hinterlassen. Das Sichtbarwerden seiner Gesamterscheinung am Dornacher Hügel, wie auch das Unvollendbare, als das es seine Schüler später interpretieren mußten, soll hier in angemessener Form gewürdigt sein.

Merit of a Master

With this publication, the author wants to draw attention – from today's perspective – to the importance of the architectural work of Rudolf Steiner. His apartment and utility buildings can be ranked with the pioneering achievements of the twenties in the past century. His contribution may have emerged from late art nouveau, but his theme of the volute, his search for the valid gestalt on the plaster model and his solution of an overall architecture could be honored following the fundamental principle from the outside to the inside. Aside from his literary achievements, and aside from his scientific research, his simplification of an organic gestalt down to the essential of the human being was revolutionary. After all, his buildings have lasted almost one full century and still excite in a new and obsessive way through their discrete elegance. Usable ideas thus were inspirations in building with nature, and that has been true for several generations of architects. He left his heritage to us as an example in an impressive architectural and artistic quality and in the developed awareness of responsibility for our built environment. The manifestation of its overall appearance on the Dornach hill and at the same time the unfinished – which his students later had to interpret – is to be honored here in an appropriate form.

Dank

Rudolf Steiners architektonisches Schaffen beeindruckt aufgrund seines Ansatzes der Vergeistigung und zugleich Versinnlichung des Organischen in der Architektur. Darum darf man Rudolf Steiner als einen der großen Pioniere des zwanzigsten Jahrhunderts bezeichnen. Eine große Zahl von Schülern und Baufachleuten hat in Dornach seine Ideen wissenschaftlich bearbeitet und seine plastischen Vorgaben in Realität umgesetzt.

Eine Avantgarde war und ist ständig im Dialog mit dem, was Steiner gleichsam wie weiter zu bearbeitende Aufgaben formuliert hat, so z.B. der Plastiker und Ingenieur Paul Schatz oder der Dipl. Architekt Erich Zimmer, der eine kenntnisreiche wissenschaftliche Arbeit über Rudolf Steiner als Architekten geschrieben hat und dessen dort veröffentlichte Zeichnungen dankenswerter Weise für diese Publikation verwendet werden durften. Außerordentlich hilfreich für die vorliegende Arbeit waren der ETH Dipl. Architekt John C. Ermel aus Dornach sowie der Kurator der Rudolf-Steiner-Nachlaßverwaltung in Dornach, Dr. Walter Kugler, der seit Beginn der neunziger Jahre mit mehr als 30 Ausstellungen der Wandtafelzeichnungen Rudolf Steiners in Museen weltweit die Steiner'sche Ideenwelt als visuelles Ereignis in die aktuelle Kunst eingebracht hat.

Die von Rudolf Steiner in vielen Varianten und auf ganz unterschiedlichen Ebenen, mal philosophisch, mal streng naturwissenschaftlich, mal plastisch-künstlerisch bearbeitete Metamorphose-Anschauung Goethes bildet den Hintergund des hier Dargestellten. Hieraus wird vielleicht verständlich, warum der Autor im Titel die Idee «Natur im Gebauten» vor den Namen von Rudolf Steiner gestellt hat. Es bleibt zu hoffen, daß der Meister mit seinem architektonischen Œuvre endgültig seinen Platz im Kreise der Pioniere der Moderne zugewiesen bekommt.

Acknowledgments

Rudolf Steiner's architectural oeuvre is impressive due to his approach that involved spiritualizing and at the same time making the organic in architecture sensual. Therefore, Rudolf Steiner can be described as one of the major pioneers of the twentieth century. A large number of students and construction professionals have scientifically worked on his ideas in Dornach and brought his sculptural stipulations into reality.

An avant-garde has been and is constantly in a dialog with what Steiner phrased as tasks that needed to be further elaborated. An example of this are the sculptor and engineer Paul Schatz, and the architect Erich Zimmer. Zimmer wrote an educated work about Rudolf Steiner as an architect and we are grateful for the use in this publication of the drawings published in it. The ETH architect John C. Ermel from Dornach and the curator of the Rudolf Steiner Estate in Dornach, Dr. Walter Kugler, who has been adding Steiner's world of ideas as a visual event to contemporary art since the early nineties with over 30 exhibitions of the drawings of Rudolf Steiner in museums throughout the world, have been of great help with regard to the present publication.

Goethe's view of metamorphosis that Rudolf Steiner worked on in many versions and on very different levels, here philosophical, there strictly scientific, then sculpturally artistic, forms the background of what is represented here. Perhaps this can help develop an understanding of why the author has put the idea "Nature in Architecture" before the name of Rudolf Steiner in the title. The hope remains that the master and his architectural oeuvre will finally be given a place in the circle of the pioneers of modernism.

Wohn- und Zweckbauten von Rudolf Steiner in Dornach und Arlesheim, Schweiz

1 Schreinerei und Atelier Rudolf Steiners, Rüttiweg 45, Dornach, 1913/14
2 Landschaftsgestaltung Felsli und Felsliweg in Dornach, ab 1914
3 Glashaus, Atelier für das Schleifen der farbigen Fenster des ersten Goetheanums, Hügelweg 59, Dornach, 1914
4 Heizhaus, Hügelweg 62, Dornach, 1914
5 Haus Duldeck, Rüttiweg 15, Dornach, 1915/16
6 Haus van Blommestein, Herzentalstraße 37, Dornach, 1919/20
7 Haus Vreede, Auf der Höhe 1, Arlesheim, 1920/21
8 Eurythmiehäuser, Rüttiweg 30, 32 und 34, Dornach, 1920/21
9 Transformatorenstation, Oberer Zielweg 21, Dornach, 1921
10 Haus de Jaager, Rüttiweg 20, Dornach, 1921/22
11 Eurythmeum (Rudolf-Steiner-Halde), Anbau an ein bestehendes Wohnhaus (Haus Brodbeck),
   Hügelweg 56, Dornach, 1923
   Um- und Anbau Haus Brodbeck, 1924 (weiterer Anbau 1935 durch den Architekten Ernst Aisenprais)
12 Verlagshaus (Büchermagazin des Philosophisch-Anthroposophischen Verlages), Hügelweg 63, Dornach, 1923/24
13 Haus Wegman (Holzhaus), Pfeffingerweg 1, Arlesheim, 1924
14 Haus Schuurman, Hügelweg 85, Dornach, 1924/25
15 Goetheanum II, Rüttiweg 45, Dornach. Modell: März 1924, Baubeginn: 1925, Eröffnung 1928

Houses and Utilitarian Buildings by Rudolf Steiner in Dornach and Arlesheim, Switzerland

1 Joinery workshop and studio of Rudolf Steiner, Rüttiweg 45, Dornach, 1913/14
2 Landscape design Felsli and Felsliweg in Dornach, starting 1914
3 Glass House, studio for cutting the stained glass windows of the first Goetheanum, Hügelweg 59, Dornach, 1914
4 Boiler House, Hügelweg 62, Dornach, 1914
5 Duldeck House, Rüttiweg 15, Dornach, 1915/16
6 Van Blommestein House, Herzentalstrasse 37, Dornach, 1919/20
7 Vreede House, Auf der Höhe 1, Arlesheim, 1920/21
8 Eurhythmy houses, Rüttiweg 30, 32 und 34, Dornach, 1920/21
9 Transformer Station, Oberer Zielweg 21, Dornach, 1921
10 De Jaager House, Rüttiweg 20, Dornach, 1921/22
11 Eurhythmeum (Rudolf Steiner-Halde), addition to an existing apartment house (Brodbeck House),
   Hügelweg 56, Dornach, 1923
   Conversion and extension Brodbeck House, 1924 (another addition in 1935 by the architect Ernst Aisenprais)
12 Publishing House (book magazine of Philosophisch-Anthroposophischer Verlag),
   Hügelweg 63, Dornach, 1923/24
13 Wegman House (wooden house), Pfeffingerweg 1, Arlesheim, 1924
14 Schuurman House, Hügelweg 85, Dornach. 1924/25
15 Goetheanum II, Rüttiweg 45, Dornach. Model: March 1924, start of construction: 1925, dedication 1928

Ausgewählte Literatur / Selected Literature

Agematsu, Yuji: Steiner Architecture, Tokyo 1998

Biesantz, Hagen/
Klingborg, Arne: Das Goetheanum. Der Bau-Impuls Rudolf Steiners, Dornach 1978

Clerc, H.R./P.: Das Goetheanum und seine Umgebung, Dornach 1985

Imai, Kenji: Gaudi and Steiner. In: Glass and Architecture Nr. 3, Tokio 1964

Imai, Kenji: Rudolf Steiner and his works, Kindaikenchiku 5, Tokio 1964

Kemper, Carl: Der Bau. Studien zur Architektur und Plastik des Ersten Goetheanum, hrsg. von Hilde Raske, Stuttgart 1966

Messina, Vittorio Leti: Rudolf Steiner architetto, Turin 1996

Pehnt, Wolfgang/Düx Thomas: Rudolf Steiner. Goetheanum, Dornach, Berlin 1991

Pehnt, Wolfgang: Anthroposophische Architektur. In: Die Architektur des Expressionismus, Ostfildern 1998

Raab, Rex/Klingborg, Arne/Fant, Ake: Sprechender Beton. Wie Rudolf Steiner den Stahlbeton verwendete, Dornach 1972

Rotzler, Willy: Das Goetheanum in Dornach als Beispiel der Integration der Künste. In: Werk, Nr. 8, Zürich 1960

Steiner, Rudolf: Wege zu einem neuen Baustil. Acht Vorträge, gehalten in Berlin und Dornach 1911–1914, Dornach, 3. Aufl. 1982

Steiner, Rudolf: Der Dornacher Bau als Wahrzeichen geschichtlichen Werdens und künstlerischer Umwandlungsimpulse. Fünf Vorträge und eine Besprechung, gehalten in Dornach 1914, Dornach, 2. Aufl. 1985

Zimmer, Erich: Rudolf Steiner als Architekt von Wohn- und Zweckbauten, Verlag Freies Geistesleben GmbH, Stuttgart, 2. Aufl. 1985

Über den Autor

Was für Werner Blaser bei seinen Lehrmeistern Alvar Aalto und Mies van der Rohe in gestalterischer und konstruktiver Hinsicht von Bedeutung war, das hat sich hier auf das konzentrierte Werk der Dornacher Bauten von Rudolf Steiner übertragen. Diese Architektur ist von einem Gesamt-Bau-Impuls durchdrungen, wie wir ihn vor allem von den mittelalterlichen Bauhütten her kennen, die einer strengen gesellschaftlich wie kulturell geprägten Ordnung unterlagen. Hier wie dort stand am Anfang das Üben am plastischen Stoff, das letztlich das Geheimnis und besonders die Dynamik der plastisch-architektonischen Gestalt ausmacht, die im Betrachter immer wieder neue Aufmerksamkeiten hervorruft und ihn gleichsam ästhetisch verführt.

Die publizistischen Arbeiten von Werner Blaser fügen sich inzwischen zu einem Lebenswerk, das in der Architekturgeschichte ein Ausnahmefall ist. Raffinierte Baukunst wird da ebenso eindringlich vorgestellt wie sensible Detaillierungen fokussiert aufgezeigt werden. In all seinen Werken und Monographien geht es um das Ergründen und Erforschen von Formen und Material, von Statik und Dynamik, von Bekanntem und Unbekanntem. Jahrzehnte hindurch hat er bedeutende architektonische Werke fotografiert, hat sie mit seiner Sehweise gleichsam neu belichtet und mit seinem genuinen denkerischen Maßstab unterlegt. Sein immenses Schaffen zeigt uns, was die enge Verbindung von Architektur und Publikation für die Geschichte der modernen Architektur bedeutet, ja, es lehrt uns auch, daß die Geschichte der Architektur ohne die Dokumentierung einzelner Bauwerke in Bild und Wort und ohne nach deren innerem Sinn und äußerem Zweck zu fragen noch keine ist.

About the Author

What was important for Werner Blaser about his teachers Alvar Aalto and Mies van der Rohe with respect to design and construction has been transferred to the concentrated work of the Dornach buildings of Rudolf Steiner in this publication. This architecture is permeated by an overall architectural impulse that we mainly know from the medieval Bauhütten that were subject to a strict socially and culturally influenced order. Here, as there, at the beginning stood the practice with the plastic matter, which in the end is what makes the secret and special dynamics of the sculptural-architectural gestalt that always evokes new attention in the observers and at the same time seduces them aesthetically.

The journalistic works of Werner Blaser meanwhile make up a lifework that represents an exception in architectural history. Sophisticated architecture is presented in a way that is as forceful as the detailed descriptions appear to be sensitive. In all his works and monographs the focus is on getting to the bottom of and researching forms and materials, statics and dynamics, the known and the unknown. For decades, he has photographed important architectural oeuvres, has shed new light on them with his view and enhanced them with his genuine standard of thinking. His tremendous oeuvre shows us what the close connection between architecture and publication means for the history of modern architecture – it even teaches us that without the documentation of individual buildings in pictures and words and without asking about their inner sense and outer purpose there is no history of architecture.